OHSAMA BUNKO

ほんまのロンドン

パキラハウス
＆
ジョナサン・ワッツ

三笠書房

For my Nan, the best guide to living London life to the full that anyone could ever wish for.

Thanks also to the family (Kayoko, Mum, Lisa and Bill), diligent readers (Nahoko Araki and Kayori Morita), clubber and cutter (Damien Peers), language guru (Paul Jackson), scholar (Eamon McCafferty) and giggers (Sumiko and Hiroki Okita).

Introduction
ほんまの話…

"これまでのロンドンの本とどこが違うの?"

　おおいに違うさ。ぼくは、この本で、ありのままのロンドンを書いた。

　旅行ガイドブックが紹介する重厚で古めかしいロンドンではなく、金融情報に現われる退屈なビジネスロンドンでもなく、英国王室を報道するフィルムに見られる上流階級の伝統的ロンドンでもない。

　そうではなくて、活気あふれる今このときのダウンタウン・ロンドンをガイドする本なのだ。1,200万の人々が生活し、楽しんでいるコスモポリタンのロンドン。ブリクストンではレゲエやダブミュージックが渦巻き、ソーホーではチャイニーズ・レストランからたまらなくうまそうな匂いが漂い、そしてブリック・レーンではインド人の露天商たちがマーケットにひしめいている。

　世界的にヒットした映画「トレインスポティング」や「ノッティングヒルの恋人」でちらちらと姿を見せたふつうの、しかし刺激的な街の点景も、これまたまぎれもないロンドンなのだ。クラブ、ドラッグ、サッカー、ファッション、そしてサウンド…。

　ぼくはロンドンに生まれ育ったイギリス人だが、日本に来て新しくできた友人とイギリスやロンドンについて話をすると、いつもフラストレーションを感じた。日本人の抱

いている印象は現実と大きな落差がある。

"でも、イギリスといえば英国紳士にハイティーでは？"

そう、それだから日本から訪れる人は、初めてのロンドンにひどいショックを受けるのだ。学校などで教えられてきたロンドンのイメージと現実は、あまりにも違っている。

多くの日本人旅行者が期待しているものは、霧のロンドンであり、英国紳士であり、午後のお茶（high tea）であり、クイーンズ・イングリッシュらしい。ところが、これらのものはすべて遠い過去のものなのだ。

自分の手元さえ見えないようなロンドンの濃霧は、その発生源の薄汚れた工場群が消えるとともになくなった。

英国紳士も変わった。少なくとも、山高帽にピンストライプのスーツを着用して、こうもり傘を持ち、形式ばった上流のもの言いをする白人の男たちはほとんど絶滅した。

今日でもイギリス人は、女性のためにドアを開けてあげたり、年長の人に席をゆずったりする紳士的なマナーを身につけてはいる。しかし、ファッションや日常のふるまいに保守性はなくなりつつある。だいたいロンドンに住むイギリス人のルーツが、インドや香港だったりすることは、べつに珍しくもないのだ。

お茶についても同じこと。ひょっとするとあなたは、イギリス人は上等のアールグレイを高価で繊細なロイヤルアルバートのティーカップでいただいているとお思いかもしれないが、ほとんどの人は分厚いマグカップに安いティーバッグを入れて、一息入れる（cuppa＝cup of tea）ため

に飲む。フォートナム＆メイソンやハロッズのしゃれたお店で、アールグレイの高級品を買う上得意は、昨今では中年の日本人旅行者だ。

　しかし、はっきりいって日本人旅行者がもっともショックを受けるのは「英語」だろう。中学、高校と正しい英文法、発音をしっかり習って、いざロンドンに来てみれば、単語が聞きとれない。その理由ときたら、イギリス人の誰もが「まちがった英語」を、えらく強くなまってしゃべっているってことなんだから…。

　いまでは、クイーンズ・イングリッシュを話すのは英国女王だけ。そのほかの人々はコックニー（cockney＝東ロンドン弁）か、そのほかのロンドンなまりでしゃべっているのがふつうだ。そういうわけだから、もしあなたがロンドンでふつうに発音しようと思うなら、まず学校で習ってきたことを一旦きれいに忘れてしまう必要がある。

　これが、ほんまのロンドンなのだ。（ちなみに、ぼくが最初にしゃべるのを覚えた日本語は関西弁だった。）

"じゃ、ロンドンの楽しみって何？"

　この本の目的は、日本人のあなたがロンドンのふつうの生活になじんでもらうことにある。だから、個人旅行を計画中の学生や、留学を決めた人、イギリスにじっくり滞在しようとしているカップルにはとても役に立つだろうが、ほんの数日だけパックの団体旅行で市内にとどまる人にはどうだろうか。しかし、結局のところ、ぼくはロンドンに興味を抱いているすべての人に向けて書いた。

さて、この本はロンドンを楽しむベスト情報を提供している。たとえば、
●新しい流行を発信しているクラブはどこにあるか？
●最高の雰囲気を味わえるパブはどこにあるか？
●掘り出し物が見つけられるストリートマーケットはどこに立つのか？
●どのレストランに入ればおいしい料理を楽しめるのか？
●日帰りでロンドン近郊を楽しむにはどんな計画を立てればいいのか？
などである。
　それぞれには、あなたが迷わないようにマップ、電話番号、住所、そこに行って役立つキーワード、使える表現などがつけてある。さらには、ふつうのガイドブックや旅行英会話の本にはまず載っていないが、楽しもうと思ったらどうしても必要な実際的なあれこれの会話例も。たとえば、
●ドラッグはどんなふうに取り引きされているのか？
●ブックメーカーやドッグレース場で賭けに参加するにはどうするのか？
●マーケットで値切り交渉をするにはどうするのか？
●サッカーの試合でブーブー文句を言ってうさを晴らすにはどうすればいいか？
●タトゥー（刺青）を入れるにはどうするのか？
●ヒッチハイクはどうすればできるのか？
などだ。
　この本にはおまけもある。2、3の例をあげておくと、コックニーをカタカナ表記で記したこと、スタンダードな会

話に加えて、お楽しみには欠かせないダーティーなスラングも紹介したことなど。

　まあ、こんなところかな、ほんまのロンドンの入り口は。それにしてもロンドンは巨大で絶えず変化しているから、あなたの知りたいすべてを網羅することはあきらめなければならなかった。それが少し残念だ。

　しかし、ロンドンを観光バスの窓越しにながめて写真を撮る人ではなく、今のほんとうのロンドンを楽しんでみようと考える人には、十分なスタート地点として利用できるのではないか。またぜひそうしていただきたい。考えてみれば、ほんまのロンドンはロンドンに住む人それぞれが持っている。これはぼくにとってのリアルロンドンだから、あなたもご自分で、自分だけの「ほんまのロンドン」を探してみてください。

　また本書の発売にあわせて、ウェブサイトを開設することにした。http://www.honmanoLondon.com

　ロンドンのあらゆる最新情報、コックニーのワンポイントレッスン、サッカーのプレミアリーグの最新スコアなどをはじめとして、あなたの体験や疑問を書き込める掲示板も用意している。ロンドンをさらに深く楽しむための興味深いリンクもいろいろつけてあるので、ぜひこちらもご活用ください。

　　　　　　　　　　　　　　　　　ジョナサン・ワッツ

Contents【もくじ】

SectionA：遊ぶ　Fun and Games

❶ライブ Gigs
◆今が旬のアーティスト、未来の大スターに会う ——————— 12

❷サッカー Football
◆最高のゲームに熱くなる、最低のゲームにぶーたれる ——— 24

❸フェスティバル Festivals
◆でっかいパーティの快楽 ————————————————— 36

❹クラブ Clubs
◆どこにするか、ドラッグを買う、男と女の会話 ——————— 48

❺ギャンブル Gambling
◆ブックメーカー、競馬、ドッグレース ——————————— 60

❻公園でのくつろぎ Park life
◆うまい空気、気持ちのよい風景、アウトドア・クラシックコンサート
——————————————————————————— 72

SectionB：買う、おしゃれをする　Shopping and Style

❼マーケット Markets
◆どこでいかに値切るか ———————————————————— 84

❽ヘア・サロン Hairdresser's
◆うっとりする仕上がりかカルチャーショックか ——————— 94

❾スーパーマーケット Supermarkets
◆必要なものを買い込み、馬鹿馬鹿しい言いあいをする ——— 104

❿ショッピングの快楽 Shopping for pleasure
◆おみやげを探す、ウィンドウショッピング、流行を追う ——— 116

SectionC：飲み、食べる　Eating and drinking

⑪パブ Pubs
◆どこで飲む、どう飲む ──────────── 132

⑫レストラン Restaurants
◆うまいもの、イギリスでも! ──────────── 144

⑬お持ち帰り Take-aways
◆怠け者の食べ物、インド料理、中華料理、フィッシュ＆チップス ──────────── 156

SectionD：移動する　From A to B

⑭公共の交通手段 Public Transport
◆老いぼれた地下鉄となかなか来ないバス ──────────── 170

⑮クルマ Wheels
◆タクシーを呼ぶ、ハイヤーに乗る、ヒッチハイクをする ──────────── 180

⑯飛行機 Flying
◆空港利用、入管のいざこざをかわす、安い航空券を買う ──────────── 192

⑰海を渡る Crossing the water
◆ユーロスター、フランスへの酒の仕入れ、すばらしきアイルランド ──────────── 204

SectionE：眠り、学び、働く　Sleep, study and work

⑱住むところ Accommodation
◆アパートを探す、ホームステイ、ホテル ──────────── 216

⑲学校 School
◆英語を学ぶ、アロマテラピー、学割 ──────────── 230

⑳働く Work
◆フルタイム、パートタイム、自営業、大道芸 ──────────── 242

㉑メディア Media
◆インターネット・カフェ、テレビ、タブロイド新聞 ―――― 254

SectionF：小旅行をする
Day Trips and Holidays

㉒6つのプラン Six day trips
◆ブライトンのビーチ、シェークスピアのストラットフォード、ストーンヘンジその他 ―――― 270
バース・ブライトン・ケンブリッジ・マーロウ・
ストーンヘンジ・ストラットフォード

Appendices 付録 ―――― 295
1) Cockney　コックニー
2) Swearing　ののしり言葉
3) Japan in London　ロンドンの中の日本
4) Calendar of events　イベント・カレンダー

翻訳●石塚康一
デザイン・イラストレーション●広瀬克也(克也事務所)
パラパラまんが●荒木伸子

Section A: Fun & Games

ロンドンの最新情報
http://www.honmanoLondon.com

セクションA：遊ぶ

1 ライブ：Gigs

**"ロンドンといえばやっぱりビートルズ。
　ライブの本場だってお父さんも言ってたけど…"**

　ビートルズは30年前のリバプール出身だからちょっと違うけれど、ロンドンがライブの本場というのは正しい。ロンドンで生まれ育った人は、小さいバンドがどんどんビッグになっていくのを、すぐそばで見ることができる。

　ぼくはＵ２の最初のロンドンのライブをよく覚えているけれど、何が気に入らなかったのか、誰かにビンボトルをステージに投げ込まれていた。あなたがロンドンにいるあいだに、未来のスターの小さな劇場での初期のステージを体験できるかもしれない。

"私もスターになれるかな？"

　あなたのことだから、むずかしいでしょう。でも日本女性でそうなった人たちもいる。

　ティーンエイジャーのころ、ぼくはフランクチキンズのステージを見た。カムデン・パレス Camden Palace だったけど、カラオケみたいに歌ってとてもおもしろかった。フランクチキンズは、ロンドンにやってきて結成した日本人のふたりの女性のシンガーで、今ではメンバーも増え、スーパーはつかないけれど有名なのだ。

Section A: Fun & Games

"ビッグネームの演奏で踊りたいんだけど?"

　ロンドンに来たんだから、わくわくしてそんな期待を抱いても不思議ではない。サッカー・スタジアムで演奏するようなメガ・バンドから、パブ・ステージでやる十代の駆出しまで、ロンドンのライブは世界でもっともダイナミックでエキサイティングだから。

　これまでにロンドンのライブハウスは、デビッド・ボウイ David Bowie、ザ・ローリング・ストーンズ The Rolling Stones、ザ・フー The Who、クイーン Queen、ザ・セックス・ピストルズ The Sex Pistols、エルビス・コステロ Elvis Costello、ザ・クラッシュ The Clash、ワァム Wham、ブラー Blurなどのほか数十、いやおそらく数百の有名バンドやミュージシャンを世に送り出してきた。

　グループツアーの人はロック・サーカス The Rock Circus（ピカデリー・サーカスにある）で、ミック・ジャガー Mick Jagger やシド・ヴィシャス Sid Vicious の蝋人形を見るだろうが、せっかくロンドンに来ているのだから、実物を見に行く機会を作ったらいかが。

　U2、REM、オアシス Oasis のようなビッグネームのバンドは、キャパが8万人もあるウェムブリー・スタジアムや、キャパ2万人のアールズ・コート・エキシビション・センター Earl's Court Exhibition Centre のような、大観衆を呼び込め、高い入場料もとれるメジャーな会場でコンサートをしがちだ。あなたがそうしたバンドが好きなら出かけて行ってもいいが、でも、そこでバンドの姿をよく見ようとか、踊ろうなどと期待しないほうがいい。

セクションA：遊ぶ

"じゃ、どこがお薦めなの？"

　中規模のライブのほうが、もっと熱狂的でいい雰囲気を体験できる。**ブリクストン・アカデミー Brixton Academy** はインディーバンド、ラップミュージシャン、ロックスターで人気だ。売り出し中だった頃のU2がプレイしていた店だ。

　ミュージカル劇場を改装した**ハックニー・エムパイヤー Hackney Empire** は、ドッジィ Dodgy、トリッキー Trickey、クリスティ・ムーア Christy Moore などを取り込んだ有名・無名バンドのミックスプレイを売りにしている。ただ、ここは飲み物にもかなりいい値段をつけている。

　地の利の良いロンドン中心部にある**アストリア Astoria** は、多くのバンドが気に入って、ここで演奏したがる。ここも、ダンスで汗まみれになった後には絶対欲しくなる飲み物が高い…。

　フォーラム Forum はよいサウンドが出ないので、ここ数年不人気をかこっていた。だけど最近、アッシュ Ash やドクター・ジョン Dr John などを取り込むとともに、力のあるプレーヤーを呼び込み続けている。

"小さくてバンドと親密な関係を持てるところは？"

　有名な**ワンハンドレッド・クラブ 100 Club** は、全盛期のザ・ローリング・ストーンズや、ザ・セックス・ピストルズを迎えている。かなり洗練された夜を楽しめるのは**ディングウォールズ Dingwalls**。ここでは 踊ることもできるし、バンドの演奏を聞きながらゆったりした椅子でくつろぐこともできる。

最近もっとも人気のある店は、**ザ・ボーダーライン The Borderline** のようだ。小さい店で込み合うことが多いが、ＲＥＭ、ブラー、クラウデッドハウス Crowded House を呼び込むなど、流れを読む目のある店だ。

あなたがミュージック・シーンを本当にナマで楽しみたいのなら、パブ・コンサートにまさるものはない。しかしそうした店はだいたい狭っ苦しくて汗臭いし、プレーヤーも前途有望なものからどうしようもないものまでピンキリだ。とはいえ何より飲み物の値段がリーズナブルで、店にはロックの歴史が染み込んでいる。

エルビス・コステロとザ・ストラングラーズ The Stranglers は、**ザ・ホープ＆アンカー The Hope & Anchor** でプレイしていた。同様の意味で一見の価値があるのは、ケンティッシュタウン Kentish Town にある**ブル＆ゲイト Bull and Gate**。ここではかつてマッドネス Madness がプレイした。**ザ・カムデン・ファルコン The Camden Falcon** はオアシスが最初のロンドン公演をした店だ。

"自分で調べるには？"

『タイム・アウト』や『ジ・イブニング・スタンダード The Evening Standard』のリストをチェックしよう。チケットはキャピタル・ラジオ Capital Radio（020-7420-0958）か、チケットマスター Ticketmaster's の24時間ホットライン(0990-344444)、あるいはＨＭＶかタワーレコード Tower Records で手に入る。

セクションA：遊ぶ

🖥 リンク

http://www.ubl.com　メジャー・バンドの情報

http://www.allmusic.com　音楽批評や評論

http://www.aloud.com　コンサートやフェスティバルのチケット予約

■5ポンドから40ポンドまでの幅がある

① アストリア （020-7434-0403）
   157 Charing Cross Road, WC2, Tottenham Court Road tube

② ザ・ボーダーライン （020-7734-2095）
   Orange Yard, Manette Street, W1, Tottenham Court Road tube

③ ブリクストン・アカデミー
   (020-7924-9999) 211 Stockwell Road, SW9, Brixton tube

④ ブル＆ゲイト （020-7485-5358）
   389 Kentish Town Road, NW1, Kentish Town tube

⑤ ザ・カムデン・ファルコン （020-7485-3834）
   234 Royal College Street, NW1, Camden Town tube

⑥ ディングウォールズ （020-7428-5929）
   Middle Yard, Camden Lock, Chalk Farm Road, NW1, Camden Town tube

⑦ ダブリン・キャッスル （020-7485-1773）
   94 Parkway, NW1, Camden Town tube

⑧ アールズ・コート・エキビション・センター
   (020-7373-8141) Warwick Road, SW5, Earl's Court tube

⑨ フォーラム （020-7344-0044）
   9-17 Highgate Road, NW5, Kentish Town tube

⑩ ハックニー・エムパイヤー （020-8985-2424）
   291 Mare Street, E8 Hackney Central rail

Section A: *Fun & Games*

⑪ ザ・ホープ＆アンカー （020-7354-1312）
　207 Upper Street, N1, Highbury & Islington tube

⑫ ワンハンドレッド・クラブ （020-7636-0933）
　100 Oxford Street, W1, Tottenham Court Road tube

⑬ シェパーズ・ブッシュ・エムパイヤー （020-7771-2000）
　Shepherd's Bush Green, W12, Shepherd's Bush tube

⑭ ウェムブリー・スタジアム＆アリーナ （020-8902-8833）
　Empire Way, Middlesex, Wembley park tube

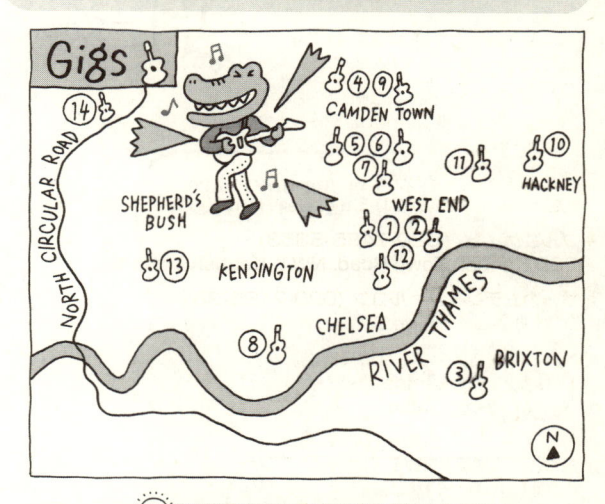

💡 ちょっとひと言/Tip

　大所のライブハウスでは飲み物が高いから、カンビールを隠して持ち込んでみよう。もし用心棒に見つかっても、入る前にとりあえずそれを飲んでしまうことはできる。

セクションA：遊ぶ

■教科書で学べない発音のレッスン

Do you have any tickets left for the Prodigy concert?
ジャーベニ ティキス レフダ プロドジ コンサー？

Let me have three.
レ ミアブ フリー

What did you make of the gig?
ウォジャ メイカ ダギグ？

Section A: Fun & Games

> **He is getting on a bit.**
> イーズ　ゲッノナビ

■ボキャブラリー/The lingo

Gig—日本でいうライブコンサート。ロックやジャズの生演奏会。
Expiry date—有効期限。満期日。
What did you make of it—あなたはどう思ったの。
A let down—失望。ガッカリすること。
Happens once in a blue moon—きわめてまれに起きる。
　　　　　　　　　　　　　　　　滅多にない。
They're getting on—年齢の坂を下っている。
Each to their own—人それぞれの意見は自由。
Rubbish—非常に貧しい。とても悪い。

セクションA：遊ぶ

■話してみると 1

(Joe telephones a credit-card booking service to buy tickets to a gig)

Salesperson: Good afternoon, Ticket Express. Brian speaking. How can I help you?
Joe: Do you have any tickets left for the Prodigy concert next week?
Salesperson: Which day is that sir?
Joe: Friday, the 16th. At Wembley Arena.
Salesperson: Tickets are available for £20, £25 and £30.
Joe: Let me have two for £20.
Salesperson: Certainly, can I have your credit card number please?
Joe: 8219-9049999.
Salesperson: And the expiry date?
Joe: August 2005.
Salesperson: And an address where the tickets should be sent?
Joe: 14, New Road, Finchley, N1.
Salesperson: Thank you sir. Your credit card will be debited for £46. That's £40 for the two tickets and £6 booking fee. The booking reference number is BL 666. The tickets should reach you by the end of the week.

Section A: Fun & Games

（ジョーはライブのチケットを買うために、クレジットカードを使った電話予約サービスに電話している）

販売員：はい、チケット・エクスプレス。担当のブライアンです。ご用件は？
ジョー：来週のプロディジィのコンサートチケットはまだありますか？
販売員：何日でしょうか？
ジョー：金曜日、16日。ウェムブリー・アリーナです。
販売員：20ポンド、25ポンド、30ポンドのチケットがお取りできますが。
ジョー：20ポンドのチケットを2枚ください。
販売員：はい、それではクレジットカードのナンバーをお願いします。
ジョー：8219-9049999。
販売員：カードの有効期限は？
ジョー：2005年の8月です。
販売員：チケットのお届け先の住所は？
ジョー：フィンチリーN1、ニューロード14番地。
販売員：ありがとうございました。チケット2枚の代金が40ポンド、手数料が6ポンドですので、クレジットカードの口座から46ポンド引き落とさせていただきます。予約のお問い合わせ番号はBL666。チケットは週末までにお届けします。

セクションA：遊ぶ

■話してみると 2

(Kay and a friend discuss a recent concert)

Friend: What did you make of the gig?

Kay: It was a bit of a let down to be honest. How about you?

Friend: I thought it was great. A chance to see a big band like that only comes once in a blue moon.

Kay: That's true, but they're getting on a bit now.

Friend: I can't argue with you about that, but I wouldn't mind being like that when I'm 50.

Kay: Each to their own, I suppose. But I reckon rock music should be played by rebels not grandfathers.

Friend: What's wrong with a rebellious grandad?

Kay: (Laughs) Nothing, I suppose.

Friend: And at least they can play. Not like some of the rubbish in the charts.

(ケイは最近観たコンサートについて友だちと話している)

友人：あのコンサート、あなたはどうだった？
ケイ：正直言って、ちょっとガッカリしたわ。あなたは？
友人：私はすごくいいと思ったわ。あんなビッグバンドが見られるチャンスなんて滅多にないんだもの。
ケイ：それはそうだけど。でも彼らはもう年よ。
友人：それがあなたと違うところね。私は自分が50歳になった時に、ああいう風でいてもいいと思う。
ケイ：人それぞれでいいんじゃない。でもロックは反逆児が演奏するもので、おじいちゃんがするもんじゃないと思うわ。
友人：反逆的なおじいちゃんの、どこがいけないの。
ケイ：（笑って）別に、どこも。
友人：少なくとも彼らは演奏ができるわ。ヒットチャートのヘタクソたちとは違うの。

セクションA：遊ぶ

2 サッカー：Football

"Jリーグとどこが違うの？"

　日本ではサッカーはファッションだけど、イギリスでは王室や国教会と同じようなひとつの文化制度だ。しかし、それらよりずっと人気がある。ほとんどのイギリス男の足には、生まれてからずっと目に見えないボールがまとわりついているようだ。ぼくも、学校の授業中と寝ているとき以外はサッカーをしていた。設備なんか何もなくとも、とにかくサッカーだった。

　ぼくは日本語では「サッカー」を使っているが、イギリスに行けば必ず「フットボール」と話す。「サッカーではないフットボールだぞ」という言葉をプリントしたTシャツを着ている人がいるくらいだ。イギリスはフットボール発祥の地。あなたがロンドンにいるなら、絶対に世界一流のチームがプレーするのを見るべし。

　ところで、サッカーという言葉はイギリスでは禁句だが、まちがっているわけではない。SoccerはasSOCiation footballからできた言葉で、元はラグビーフットボールと区別するためのものだった。アメリカと日本ではフットボールといえばアメリカンフットボールを指すために、それと区別してサッカーがよく使われるようになった。

　アメリカのそうした事情とは関係のないイギリスでは、ファンはサッカーと呼ばずにフットボールということに自尊心をかけてきた。フットボールを愛するファンは、アメリカン

フットボールより、ラグビーフットボールより、われらがフットボールが大事なのだ。

"フーリガンが多いと聞いたけど？"

ロンドンには14のリーグ・チームがあり、それぞれ独特の伝統と歴史を持っている。いつも3万人以上の観客が詰め掛ける強くて超人気のチームは、**アーセナル**、**チェルシー**、**トテナム**など。しかしバーネット、ブレントフォードといった弱小チームにも、数こそ少ないがとても熱心なサポーターがいる。

ぼくが初めてサッカースタジアムに行った70年代の終わりごろには、毎回ファイトが見られたものだった。ファンたちが敵のチームのファンに向かって、花火やダーツの矢を投げたりすることもあった。熱狂的なファンがグラウンドを占領することが多くて、しばしばゲームができなくなったし、死者が出たこともあった。

なだれ込む一つの理由は、今のようにオールシートになっていなかったからで、グラウンドに近い席は立ち見席で、その気になれば飛び込みやすい状態だったからだ。

こんなふうに悪名をはせたフーリガンたちも、最近ではグラウンド内でトラブルを起こすことは滅多にない。

それより大きな問題になっているのは、あるスタジアムの貧弱なトイレ施設だ。なにしろ百年以上も前に、クラブができた時そのままではないかと疑われるものさえあるんだから。世界でもっとも有名な国立グラウンドのひとつであるウェムブリー・スタジアムが、そんなことで話題になってはあ

セクションA：遊ぶ

んばいが悪いってことで、同スタジアムは、2006年のワールド・カップを誘致するために新しい建物の建設を計画している。

"マニアックなファンの一日ってどんなの？"

ゲームそのものは日本のJリーグより迫力がある。プレーは速くて激しいしファンも熱狂的だ。あなたがロンドンっ子を理解したいと考えるなら、ぜひ土曜日のゲームを見ておくべきだ。

ぼくの友だちにマンチェスター・ユナイテッドの大ファンがいるが、彼にとっては仕事より家族よりマンチェスター・ユナイテッドのほうが大事だ。欧州のどこの国にでも、いや日本にでも応援するために出かけて行く。なにしろシーズンのすべての試合に必ず行くのだから。

土曜日になると、彼はたいてい早めにスタジアムに出かけ、キックオフの前に近くのパブで2、3杯ひっかける。それからゲームのプログラムを買って、ブッキーズ bookies（賭け屋）へ行く。そしていざ試合が始まると、激しく応援しながら、同時にうんと文句をいう。サポーターは、ひいきチームのプレーになかなか満足しないのだ。

ゲームが終わると、彼らはまず帰りの道すがら食べるハンバーガーやケバブ kebab、フィッシュ＆チップス fish and chips などを買う。そしてほかのスタジアムでのゲーム結果を聞きたくて、ポケットラジオのスイッチを入れる。パブに寄った連中は、ゲーム結果について看板まであれこれ語り合う。そしてもし酔っ払わずに家に帰れたら、寝る前に

はＢＢＣ放送の"今日の試合 Match of the Day"を観て、次の試合に思いを馳せるのだ。

　元気のいい連中は翌日のサンデー・リーグ・マッチ Sunday league matches で自分もプレーをする。たいていはパブチームに入っている。しかしこれは、相当なフットボール馬鹿で鋼鉄のスネの持ち主以外にはすすめられない。寒さと泥の中でかなり汚いプレーになる。もしあなたがイギリスでサッカーをやりたかったら、友だちと気楽なゲームをしたほうがいい。予約なしでどこの公園でもできるのだ。

"イギリス人がそんなにサッカーが好きなのに、どうしてイングランドの代表チームはあんなに弱いの?"

　ひどいことをいうなあ。…耳が痛い…アー…まあその…話は変わるけれど、チケットを買うのがこれまた大変だ。たいていのゲームのチケットはすぐに売り切れるから、クレジットカードを使って電話で早めに買っておいたほうがいい。電話番号は192の番号案内で調べられる。多少の手数料は取られるが、事前にチケットマスターなどの代理店で買っておかないと、当日では、スタジアムでバカ高のチケットをダフ屋から買わされることになる。

🖥 リンク
　http://www.soccernet.com　フットボールの最新情報
　http://www.fa-carling.com　プレミアリーグのオフィシャル・サイト
　http://www.wsc.co.uk/wsc　サッカーファンの話

■教科書で学べない発音のレッスン

I can't believe it.
アイカーン　ブリーブイッ

Do you fancy a kick-around?
ジャ　ファンシィ　アキクアラウン？

I'm knackered.
アイム ナッカド

They're out of my league.
ゼア アオア マイリーグ

セクションA：遊ぶ

■5ポンドから45ポンドで楽しめる

① アーセナル （020-7704-4000）
Highbury, Avenall Road, N5, Arsenal tube

② バーネット （020-8441-6932）
Underhill stadium, Westcombe Drive, Barnet, Herts, High Barnet tube

③ ブレントフォード （020-8847-2511）
Griffin Park, Braemar Road, Brentford, Middlesex, Brentford rail

④ チャールトン （020-8333-4000）
The Valley, Floyd Road, SE7, Charlton rail

⑤ チェルシー （020-7385-5545）
Stamford Bridge, Fulham Road, SW6, Fulham Broadway tube

⑥ クリスタル・パレス （020-8771-8841）
Selhurst Park, Whitehorse Lane, SE25, Selhurst rail

⑦ フルハム （020-7893-8383）
Craven Cottage, Stevenage Road, SW6, Putney Bridge tube

⑧ レイトン・オリエント （020-8926-1111）
Leyton stadium, Brisbane Road, E10, Leyton tube

⑨ ミルウォール （020-7232-1222）
The Den, Zampa Road, SE16, South Bermondsey rail

⑩ クイーンズパーク・レンジャーズ（020-8743-0262）
Loftus Road, South Africa Road, W12, White City tube

⑪ トテナム・ホットスパー （020-8365-5000）
White Hart Lane, High Road, N17, White Hart Lane rail

Section A: Fun & Games

⑫ウエストハム・ユナイテッド (020-8548-2748)
   Boleyn Ground, Green Street, E13, Upton Park tube

⑬ウィンブルドン (020-8771-8841)
   Selhurst Park, Whitehorse Lane, SE25, Selhurst rail

⑭ウェンブリー・スタジアム (020-8902-8833)
   Stadium Way, Wembley, Middlesex, Wembley Park tube

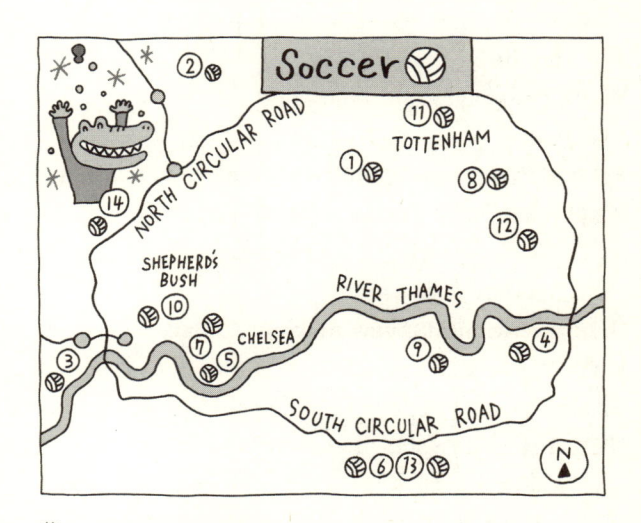

ちょっとひと言/Tip

一流チームの裏側をのぞいて見たいのなら、金曜日の午前11時にチェルシー・スタジアムを訪ねてみよう。無料で、約90分間の見学ツアーを楽しめる。

31

セクションA：遊ぶ

■話してみると 1

(Kay, a Tottenham supporter, is complaining about her team's performance)

Kay: I can't believe it. Losing four-nil at home to Arsenal.
Friend: I've never seen so much fucking crap in my life.
Kay: If we carry on like this we are bound to go down.
Friend: Walker is having a nightmare in goal.
Kay: They're all having a nightmare. They're bloody useless. My grandmother could play better.
Friend: We need a new fucking manager.
Kay: We need a new team.
Friend: I can't believe I paid 25 quid to watch this.
Kay: I should've stayed at home and mowed the lawn.

※フットボールファンはひいきのチームと自分とを一体化するあまり、よくチームを"we"と表現することがある。

Section A: Fun & Games

（トテナムのサポータであるケイがチームのプレーをグチっている）

ケイ：信じられないわ。ホームでアーセナルに4:0で負けるなんて。
友人：こんなひっどいもん、生まれてこのかた見たことないわ。
ケイ：このままじゃ、私たち(※)はリーグ落ちよ。
友人：キーパーのウォーカーは最悪だったよな。
ケイ：やつらみんな最悪よ。てんで役に立ちゃしない。私のおばあちゃんだって、ましなプレーをするわ。
友人：新監督が必要だな。
ケイ：チームを新しくする必要があるわ。
友人：こんなもんに25ポンドも払っちまったとはなあ。
ケイ：家にいて芝刈りでもしてたほうがましだったな。

■けなし言葉:

I've never seen so much crap in my life.
(いままでこんなヒデェもの見たことない)

If we carry on like this, we're certain to go down.
(このままじゃ、おれたちは間違いなくリーグ落ちだ)

Michael Owen is having a nightmare.
(マイケル・オーエンのできは最悪だぜ)

We need a new manager.
(監督を替えなきゃだめだ)

セクションA：遊ぶ

■話してみると 2

(Joe plans to play football)

Mate: Do you fancy joining our team for a bit of a kick-around on Thursday evening?
Joe: I dunno, I'm usually knackered after work.
Mate: Go on. You don't have to take it too seriously.
Joe: Oh yeah, who's the opposition?
Mate: A few of the lads from the uni.
Joe: I've played against them before. They are way out of my league.

■ボキャブラリー/The lingo

Mate―友だち。
Quid―ポンド。
Fucking―ものすごく。すっげえ。(ののしり言葉)
Bloody Crap―とてもひどい。ヒデェ。(ののしり言葉)
Do you fancy―‥‥しないか。(＝Would you like)
Kick - around―仲間内の楽しいフットボール・ゲーム。
I dunno―さあ、どうかな。知らないな。(＝I don't know)
Knackered―へたばる。(スラング)
Uni―大学。University の略。
Out of my league―うちのチームはかなわない。
Bit of a laugh―楽しげな。ちょっと面白い。

─────────────────────────── Section A: **Fun & Games**

（ジョーはフットボールをするつもり）

友人：木曜の夕方、うちのチームで軽くフットボールをやらないか。
ジョー：どうしようかな。仕事が終わるとたいてい疲れ切ってるからな。
友人：やろうぜ。そんなに本格的なもんじゃないんだって。
ジョー：ああ、相手はどこなの。
友人：大学の学生だよ。
ジョー：彼らとはやったことがある。うちはとてもかなわないよ。

■ほめ言葉:
I've never seen them play so well.
(こんなによくやったのは見たことがない)
If we carry on like this, we'll be in contention for the title this year.
(このまま行けば、今年の優勝争いにからめそうだ)
Michael Owen is having a blinder.
(マイケル・オーエンの調子は最高だ)
Our manager deserves a raise.
(監督の昇給は当然だよ)

セクションA：遊ぶ

③ フェスティバル：Festivals

"日本のお祭りとどうちがうの？"

　もちろんイギリスのフェスティバルには、ふんどしやお神輿(こし)はない。そこは大きくちがうが、にぎやかな雰囲気には共通点がある。ロンドンには、めちゃめちゃ楽しいフェスティバルがあるから、さまざまな文化が混じり合ったロンドンを発見するには、こうしたフェスティバルに参加してみるのが一番だ。

　世界的に有名な大フェスティバルもある。**グラストンベリー・フェスティバル Glastonbury Festival** は、最初に予定表にメモしておくべきだ。

　たいてい夏至の後、6月末の週末に行われる。サマーセット州 Somerset にあるウォーズィー・ファーム Worthy Farm のなだらかな丘は、3日の間、何万というヒッピー、パンク、ニューエイジ・トラベラー（New Age travelers）、ラスタファリアン Rastafarians（※）、テクノのファン、その他ありとあらゆる多様な享楽主義者たちがテントを広げるパラダイスになるのだ。

　メジャーなバンドやコメディアンなど、多くのエンターテイナーがたくさん用意されたステージに上る。広大なキャンプスペース、オールナイトのパーティ会場、救護施設、食べ物やファッションの露店の列、列、列…。

　そして、あらゆる種類・形態のドラッグが公然と売られていて、まるで別の国にいるようだ。

Section A: Fun & Games

"あなたにとってのフェスティバルとは?"

18歳のときに初めて経験したフェスティバルは忘れられないし、ある意味ではぼくのその後の人生を変えてしまった。ひとりでグラストンベリー・フェスティバルに行ったんだけど、麻薬なしで世界が一変して見えた。目がさめた感じだった。急にしかもいちどきに、たくさんの変わっている人を見て。

パンク、ヒッピーがたくさんいて、夜になればどこを見てもキャンプファイアーの火がゆらめき、音楽も近所の人のことなんか気にしないでがんがん鳴っている。どんな道を行っても「麻薬はどう?」と大きな声で呼びかけられる。前にも話した日本人女性たちのグループ、フランクチキンズも来てね。今まで知っていたものとは違う生活がある、人々がいると悟った。

ぼくにとっては、フェスティバルは rite of passage だ。通過儀礼だったのだと思う。それまで考えていた大学のコースは法律だったけど、文学に専攻を変えた。1年間休学して、世界中を見て歩いた。

もちろんいいことずくめではない。ロンドンから会場まで車でかなりかかるし、入場料は85ポンドぐらいでビックリするほど高い。混雑は年々ひどくなっていて、トイレの有様と悪臭は伝説的なものになっている。もし雨が降れば長靴やコートばかりでなく、深い泥の海を漕いで行くボートが必要になるかもしれないのだ。

それやこれにもかかわらず、グラストンベリーはミュージック・フェスティバルの原点であり続けているのだか

セクションA：遊ぶ

ら、イギリスにいたらどうしたってこれを経験せずにはいられなくなるに違いない。

"ほかにはどんなものが？"

　規模もけっこう大きくて、ロンドン中心部にかなり近いところで開催されるのが、8月末の西ロンドンに、百万からの熱狂者たちを惹き付ける*ノッティング・ヒル・カーニバル* **Notting Hill Carnival** だ。

　もともと1960年代にウエスト・インディアン・コミュニティ West Indian community で始まったものだが、今ではヨーロッパ最大のストリート・パーティになっていて、2日にわたるイベントの売り物は、華やかなコスチューム・パレード（costume parades）とスティール・バンド（steel band）。メインパレードはカリブの雰囲気を色濃く漂わせ、横丁は食べ物屋台やドラムンベース、レゲエ、ラバーズロック（lovers rock）などをやるたくさんの小ステージで埋め尽くされる。トイレが悩みの種であるのはほかのフェスティバルと同様。貴重品は持ち歩かないに越したことはない。

　ロンドンにいる間には、ぜひアイルランドを訪れるべきだが、それがむずかしければ、次善の策は、フィンズベリー公園 Finsbury Park で、1日だけ行われるアイリッシュ・ミュージックの祭典 **"Fleadh"**（フラーと発音される）に行くべきだ。みんなで楽しくギネス（アイルランドの黒ビール）を飲むご機嫌な夏のイベントで、近ごろではボブ・ディラン Bob Dylan、ジェイムス James、ヴァン・モリソン Van Morrison、クリスティ・ムーア Christy Moore といったビ

ッグネームも参加するようになっている。

　より過激なロックを楽しみたいなら、8月の終わりに行われる**リーディング・フェスティバル Reading Festival** は外せない。ヘビィメタルやグランジ（grunge）で大衆ファンに受けているという評判はあるものの、最近は、ニュー・オーダー New Order、プロディジィ Prodigy、ザ・ビースティ・ボーイズ The Beastie Boys なども出演して音楽が変わってきた。会場の設備や交通の便もたいへんよい。

　年間を通してさらにたくさんのフェスティバルがあるが、ぜひ一見の価値のあるものとして3つ挙げたい。2週間にわたって行われる**メルトダウン Meltdown** では最新の音楽とパフォーマンスが楽しめる。**ギルフォード・フェスティバル Guildford Festival** は、遊園地があるなどちょっとほかでは見られないロック・コンサートだが、家族で楽しめるお祭りでもある。1996年に始まって以来、あっという間に盛んになったチェルムスフォード Chelmsford の**ヴァージン Virgin** の出し物はトップクラスだ。

　その他の小さな文化的イベントについては、巻末の「イベント・カレンダー」（310頁）をご覧いただきたい。

※エチオピアのハイレ・セラシエ一世の幼名ラス・タファリに由来する、社会宗教運動の信奉者のこと。カリブ海の島々に広がり、70年代以降ボブ・マーリーなどのレゲエ音楽を通じて世界に知られる。

セクションA：遊ぶ

🖥 リンク

http://www.v8music.demon.co.uk/festival-focus/index.htm 音楽祭のガイド

http://www.aloud.com コンサートやフェスティバルのチケット予約

http://www.glastonbury-festival.co.uk グラストンベリー・フェスティバル情報

■どこに、いつ、行けばよいか

① フラー(020-8961-5490)
   Finsbury Park tube 6月か7月

② グラストンベリー・フェスティバル
   Worthy Farm, Pilton, Somerset 6月下旬

③ ギルフォード・フェスティバル (01483-536270)
   Stoke Park, Guildford, Surrey 7月下旬

④ メルトダウン (020-7960-4242),
   Royal Festival Hall, Embankment tube 6月〜7月

⑤ ノッティング・ヒル・カーニバル
   Notting Hill tube 8月下旬

⑥ リーディング・フェスティバル (020-8961-5490)
   Richfield Avenue, Reading, Berks 8月下旬

⑦ ヴァージン (0870-165-5555)
   Hylands Park, Chelmsford, Essex 8月下旬

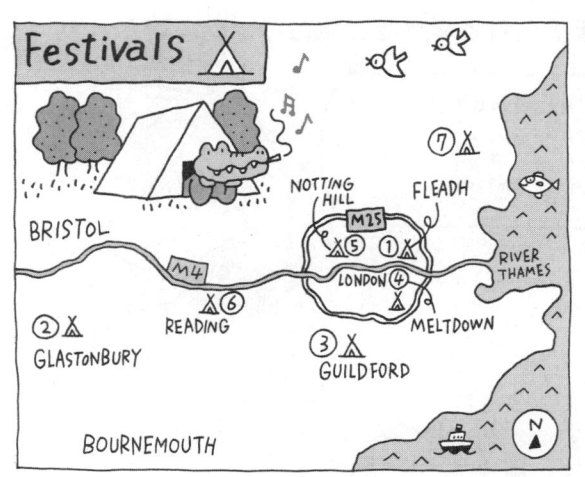

Section A: Fun & Games

Festivals

- ① LONDON
- ② GLASTONBURY
- ③ GUILDFORD
- ④ MELTDOWN
- ⑤ NOTTING HILL
- ⑥ READING
- ⑦ FLEADH

BRISTOL
M25
M4
RIVER THAMES
BOURNEMOUTH

> 😀 ちょっとひと言/Tip
> フェスティバルに行く時は、トイレットペーパーを持って行くと大変に重宝する。

セクションA：遊ぶ

■教科書で学べない発音のレッスン

Where the bloody hell is Joe?
ウェダ ブラーディ ヘリズ ジョ？

How will I find you?
ア ウィライ ファインジャ

Sorry to keep you.
ソリア キープヤ

Section A: Fun & Games

> How are you going to get there?
> アウヤ グナ ゲ デア？

■ボキャブラリー/The lingo

To headlineーコンサートでトップバンドになること。
To nip offー行く。
Bevies ー飲み物。特にアルコール飲料。
To lose track of ー忘れる、うわの空になる。
To lose his marbles/the plot/his mindー頭がいかれる。
　　　　　　　　　　　　　　　　　　　　正気じゃない。
It's a bit priceyー少々値が張る（高い）。
To kip ー 寝ること。
Coachー長距離のバス。

セクションA：遊ぶ

■話してみると 1

(Kay is planning to meet her friends at Glastonbury)

Kay: Who's headlining at Glastonbury this year?
Friend: REM on Friday and David Bowie on Saturday. Aren't you going?
Kay: I don't know. It's a bit pricey and I haven't got a tent.
Friend: You can kip in ours. We've got space.
Kay: Nice one. How will I find you?
Friend: We'll be in the Green Field. Look for an orange tent with a sock on the flag pole.
Kay: Right. How are you going to get there.
Friend: We're hitching down on Friday. How about you?
Kay: I guess I'll get a coach on the Saturday. With a bit of luck I'll get there before Bowie comes on stage.

Section A: Fun & Games

(ケイはグラストンベリーで友達と会おうと計画している)

ケイ：今年のグラストンベリーのヘッドライナーはだれかしら？
友人：金曜日は R.E.M.、土曜日はデビッド・ボウイだね。君は行かないのかい？
ケイ：まだわかんないな。ちょっと高いし、テント持ってないもん。
友人：おれたちので寝れるさ。スペースはあるよ。
ケイ：それはすてき。どうすればあなたたちを見つけられるかな？
友人：おれたちはグリーンフィールドにいるつもりさ。旗ざおの先に靴下を結んだオレンジ色のテントを探してくれよ。
ケイ：分かった。あなたたちはどうやって行くの？
友人：金曜日にヒッチで行くつもりだ。君は？
ケイ：たぶん土曜日にバスで行くことになると思うわ。運が良ければ、デビッド・ボウイがステージに立つ前には着けるかも。

セクションA：遊ぶ

■話してみると 2

(Joe has gone missing at Notting Hill Carnival and his friends wonder where he is)

Mate 1: Where the bloody hell is Joe? He was supposed to meet us here.
Mate 2: I don't know. He's disappeared.
Mate 1: When did you last see him?
Mate 2: He nipped off half an hour ago to buy some bevies.
Mate 1: The queue at the drink stall isn't that long, is it?
Mate 2: He might have gone to the toilet.
Mate 3: Maybe he's lost.
Mate 2: Lost his marbles, more like.
Joe: Alright lads. Sorry to keep you. I lost track of the time while I was watching the parade. Now remind me, what did you want to drink?
Mate 2: See what I mean.

Section A: Fun & Games

(ジョーがノッティング・ヒル・カーニバルで行方不明になり、彼の友達がどこへ行ったかと心配している)

友人1：まったくジョーの奴、どこにいったんだよ。ここでおれたちと待ち合わせることになっていたのに。
友人2：さあね。どこかへ消えちゃったんじゃないの？
友人1：最後にあいつを見たのはいつなんだ？
友人2：30分くらい前に、何か飲み物を買うといっていなくなったんだ。
友人1：飲み物屋の屋台に並ぶ客の列が、そんなに長いはずないって。
友人2：もしかしたらトイレに行ったのかも。
友人3：きっと道を見失ってるんだよ。
友人2：自分を見失っちゃったってほうがありそうだな。
ジョー：やあ、諸君。待たせてごめん。パレードを見ていたら時間を忘れちゃってさ。ええと、みんな何が飲みたかったんだっけ？
友人2：ほら、おれの言った通りだろう。

セクションA：遊ぶ

4 クラブ：Clubs

"日本のクラブとどこが違うの？"

『ほんまのロンドン』というタイトルだから、何もかも隠さずに話そう。あなたが「トレインスポティング」を観ていたならわかるように、イギリスには麻薬が多いし、ある種のクラブならぜんぜん珍しくない。

クラブで少し過ごしていると、知らない人がやさしく抱いてくれる。なんてフレンドリーなと感動してもいいけど、相手の目を見ると瞳孔が開いているのがわかるだろう。エクスタシーを飲んでいるのだ。ムーディーなクラブに行けば、マリファナの匂いが漂っている。あなたもすぐにそれをかぎわけるようになるだろう。

クラブでは簡単に麻薬が手に入る。売買はトイレでするのがふつう。といっても薦めているわけじゃない。法律違反だし、健康に害があるし、ハイになるどころか恐ろしいほど落ち込んでしまうこともある。それにクラブで買うとだまされることが多い。

でもまあ、家を遠く離れて自由な気分になっていると、日本では考えられなかったことを考えたり、やってみたくなることがあるのはよくある話だ。もしどうしてもそうしたいんだったら、友だちかよく知っているディーラーから手に入れるのがよい。ぜんぜん薦めてるわけじゃないが。

"メジャーなクラブはどこ？"

　趣味の合う友だちができると、口コミでほんとうに自分ぴったりのクラブを教えてもらったりできるが、まずはいくつかの有名ポイントから探検してみよう。

　ミニストリー・オブ・サウンドMinistry of Sound。ロンドンで過去10年間人気が衰えていないハウスミュージック・クラブだ。工事現場と勘違いしそうな外観をしているし、エレファント＆キャッスルElephant and Castle というファッショナブルとはいえない地区にあるにもかかわらず、このクラブはオールナイトで楽しもうというクラバーたちを強く惹きつけつづけている。切れのよいサウンド、名の知られたＤＪ。このクラブの評判は国際的で、ロンドンを訪れた日本人もそれを耳にしているから、あなたの知った顔にでっくわすこともあるかもしれない。入場料は10ポンドとやや高い。スタッフは恐ろしく無愛想。それなのに入場待ちの客が長い列を作る。自前のレコード・レーベルと販売ショップを持つほどの勢いと人気があるが、最近のクラブシーンの動きは激しく、たくさんのライバルが出てきている。大きなクラブのファブリックFabric、超人気のスリースリースリー333、ロックRock、DJのケミカルブラザーズが経営しているトレンディなソーシャルSocialなどがクールなクラブとして盛り上がっている。

　テムズ河の南側にはもうひとつのビッグなクラブがある。ザ・フリッジThe Fridgeだ。昔の一流劇場を改装したこのクラブは、好奇心とイマジネーションをかきたてるビジュアル設備や凝った内装がすばらしく、これまでずっとロンドン

セクションA：遊ぶ

のトップクラブのひとつとしての位置を保っている。金曜の夜のトランス&テクノ・セッション、土曜のゲイ・ナイトの盛り上がりを体験すれば、さらになるほどと思うだろう。時刻がやや早くまだ準備の最中だったら、隣のフリッジバーに入る。くつろげる雰囲気の中で一杯やっておしゃべりしながら、こちらもウォームアップというわけだ。

"ソフィスティケートを味わいたいときは？"

中心街のザ・ワッグ The Wag、バー・ルンバ Bar Rumba、ザ・ベルベット・ルーム The Velvet Room はどうだろう。どちらもソーホーSohoとコヴェント・ガーデンCovent Gardenのごくごく近くにある。

ザ・ワッグは3フロア。日替わりでさまざまなテイストのサウンドを提供している。週半ばはたいていインディー・ナイト。金曜は70年代のレトロ。そして土曜はクレージーでワイルドな大騒ぎになるブロー・アップ・ナイトBlow Up Nightと呼ばれる、60年代をテーマにしたパーティが行われて、ロンドンのナイトライフでもっとも生きのよいもののひとつとなる。

バー・ルンバは、ミックスジャズ、ファンク、ディープハウス、エイジャン（Asian）、ニュースコール（New Skool）、ガラージ（Garage）、ラテンなどをやっているダンス狂のもうひとつのメッカ。　ザ・ベルベット・ルームはチャリング・クロス・ロードCharing Cross Roadに面した最高級のクラブバーで、ドラムンベース（Drum'n' bass）とディープハウス・ナイトで有名なところだ。このクラブに入るには、

Section A: Fun & Games

思いっきりスタイリッシュなかっこうが必要になる。

"ミーハーになって楽しめるクラブは？"

　スターの追っかけをするなら、ジ・エムポリウムThe Emporiumに行け！　有名人の恋の現場に遭遇するかもしれないから。元プリンスは、かつてここでパーティをしたいと申し込んだところ、予約でいっぱいだと断られてしまった。もしあなたがここでbeautiful peopleの仲間に入って遊びたいのだったら、頭のてっぺんからつま先まで、すきのないドレスアップを。ビューティフル・ピープルっていうのは、60年代から注目されるようになった遊びのエリートのこと。社会的地位にも職業にも関係なく、ともかくお金があってとびきりおしゃれ上手な連中だ。

　ヘブンHeavenはロンドンでもっとも有名なゲイ・クラブ。最高にワイルドな夜を首都ロンドンに提供している。この迷宮も、毎週金曜はストレート(straight)のクラブファンにも開放され、だれでもハードハウスからブレイクビーツまで楽しめる。ストレートはゲイじゃない人。それに対応するゲイの名称はベント(bent)。もともと差別的な言葉だったが、ゲイ自身が使うことで言葉の持っていた強さは消された。

　さて、刺激の強いこれらのクラブでちょっとめまいを覚えたら、ヒポドロームHippodromeへ。サイズと場所だけで有名になったふつうの店なのだが、大群衆（大半は観光客）にとけ込んで飲み、踊れば頭のしびれも治るだろう。

セクションA：遊ぶ

"『ぴあ』みたいな情報誌はないの？"

もちろんある。ロンドンに来れば、ヨーロッパのどの街よりも多彩なナイトライフが楽しめるのだ。しかも新しいクラブやサウンドが驚くほどのスピードで次々と現われるのだから、どこに行こうか迷ってしまうのがあたりまえ。そんなときには『ミックス・マグ Mix Mag』、『タイム・アウト Time Out』がよい。どちらも週刊情報誌だ。これを買えば、いつ、どこで、何をやっているかがわかる。

ロンドンのどこかに、必ずあなた好みのクラブがある。そこを探し当てれば、サウンド、ダンス、ファッション、お仲間探しまで、きっと満足できるだろう。クラブに行く前に電話をして、出演しているDJやバンドをチェックすれば、今夜のお目あてをはずすことはない。

🖳リンク

http://www.aloud.com　コンサート等のチケット予約
http://www.ticketmaster.co.uk　各種チケットの予約
http://www.hyperreal.org/drugs/　ドラッグ情報

■たいていは10〜15ポンドで楽しめる

① ミニストリー・オブ・サウンド(020-7378-6528)
　103 Gaunt Street, SE1, Elephant and Castle tube

② ザ・フリッジ (020-7326-5100)
　Town Hall Parade, Brixton Hill, SW2, Brixton tube

③ ザ・コンプレックス (020-7344-0044)
　1-5 Parkfield Street, W1, Angel tube

― Section A: Fun & Games

④ ヒポドローム (020-7437-4311)
Charing Cross Road, WC2, Leicester Square tube

⑤ ザ・ワッグ (020-7434-3824)
35 Wardour Street, W1, Piccadilly Circus tube

⑥ ザ・ベルベット・ルーム (020-7439-4655)
143 Charing Cross Road, WC2, Tottenham CourtRoad tube

⑦ バー・ルンバ (020-7287-2715)
36 Shaftesbury Avenue, W1, Piccadilly Circus tube

⑧ ジ・エムポリウム (020-7734-3190)
62 Kingley Street, W1, Oxford Circus tube

⑨ サルサ (020-7379-3277)
96 Charing Cross Road, WC2, Leicester Square tube

⑩ ヘブン (020-7930-2020)
off Velliers Street, WC2, Charing Cross tube

⑪ ジャズ・カフェ (020-7916-6624)
5 Parkway Road, NW1, Camden Town tube

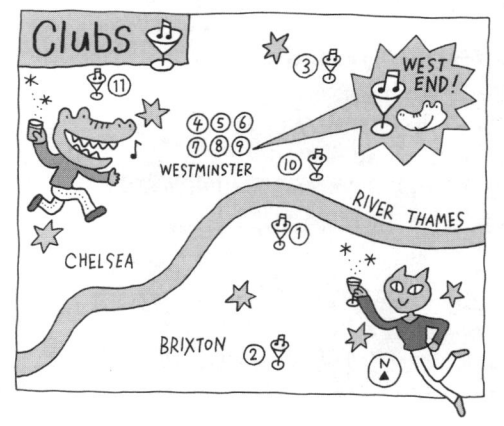

セクションA：遊ぶ

■教科書で学べない発音のレッスン

Can I buy you a drink?
ケナ　バイヤ　ドリン？

Do you come here often?
ジュー　カムイア　オフン？

・・・・・・・・・・・・・・・・・・・・・・・・・・・・・・
■ボキャブラリー/The lingo

Dope——一般にヤク（麻薬）のこと。
Spliff, joint—マリファナシガレット。
Black, Grass, Weed—マリファナ。
Speed—覚醒剤、アンフェタミンなどの中枢神経刺激剤。
Acid—LSD。
E—エクスタシー。
Charlie, C—コカイン。
Rip off—盗む、だます、食いモノにする、性交する、殺す、破壊する等々、いろいろな意味に使われる。
Wanker—ろくでなし、クソッタレ野郎といったののしり言葉。
・・・・・・・・・・・・・・・・・・・・・・・・・・・・・・

Section A: Fun & Games

How about coming back to my place for a cup of coffee?
アバ　カミンバッタ　マイプレイス
フォラ　カッパコフィ？

Get lost you creep
ゲッロス　ユー　クリープ

セクションA：遊ぶ

■話してみると 1

(A man fails miserably to chat up Kay at club)

Man: Have you got a cigarette?
Kay: No, I don't smoke.
Man: (After a long drawn-out silence)
Do you come here often?
Kay: Not if I can help it.
Man: This DJ plays some good stuff.
Kay: If you like that kind of thing.
Man: Can I get you a drink?
Kay: Yeah thanks, I'll have a Scotch.
Man: (Later) How about coming back to my place for a cup of coffee?
Kay: Get lost you creep.

Section A: Fun & Games

（男がクラブでケイをひっかけようとして大失敗する）

　男：タバコあるかい？
ケイ：いいえ、吸わないの。
　男：(気まずく長い沈黙の後)
　　　　ここにはよく来るの？
ケイ：べつに…
　男：このＤＪ、なかなかやるね。
ケイ：こんなのが好きなんだぁ。
　男：一杯おごろうか。
ケイ：ええ、ありがと。スコッチをもらうわ。
　男：(しばらくして) おれんとこでコーヒーでも
　　　　どう？
ケイ：消えてよ、いけすかない奴。

セクションA：遊ぶ

■話してみると 2

(Joe gets ripped off buying drug and narrowly avoids being arrested)

Dealer: You looking for Es, acid, speed, weed?
Joe: Yeah, How much for a gram of speed?
Dealer: A tenner.
Joe: O.K. Here's the notes.
Dealer: (hands over the foil) Enjoy.
Undercover cop: You're under arrest.
Dealer: What for?
Undercover cop: Dealing and (looks at Joe) possession.
Joe: Oh shit!
Dealer: Nice try Mr. Policeman, but I just sold him some powdered aspirin for a headache. Check it and you won't find anything illegal in there.
Joe: You Wanker! You ripped me off.

> ちょっとひと言/Tip
> 「A to Z」というロンドンのポケットマップを1冊買って持ち歩くのをすすめる。
> とても便利で、これでどこにでも行ける。

Section A: Fun & Games

（ジョーが麻薬の売人にだまされ、そのおかげであやうく逮捕を免れる）

売人：探してるのはエクスタシーかい、LSDかい、覚醒剤かい、それともマリファナかい？
ジョー：ああ、覚醒剤、1グラムでいくらだい？
売人：10ポンドだよ。
ジョー：オーケー。ほら、ちょうどだ。
売人：（ヤクの包みを渡す）楽しむんだな。
秘密捜査官：お前たち、逮捕する。
売人：何の容疑でだい？
秘密捜査官：麻薬密売と（ジョーを見て）麻薬所持だ。
ジョー：クソッ！
売人：お手柄だね、お巡りさん。でもおれがいまやつに売ったのは頭痛用の粉末アスピリンだぜ。調べてみなよ、違法なものはな〜んもありゃしないって。
ジョー：このクソッタレ野郎！　ひっかけやがったな。

セクションA：遊ぶ

5 ギャンブル：Gambling

"ロンドンの人はギャンブルが好き？"

　ただ好きだというだけではなくて、クレージーなほどだ。ぼくがそのお仲間に入ったのは14歳。すべての日曜日は、教会に行くための日じゃなくて、学校の友だちとポーカーやブラックジャックをするための日となった。

　パブやカフェでは、フルート・マシン fruit machine のレモンやサクランボがくるくる回って、早くこいよと呼んでいる。10ポンドから100ポンドくらいを稼げるこの小さなギャンブルには、18歳以上という制限があるものの、ぼくの経験では大目にみられていた。

　イギリスの宝クジでは、毎週だれかが10億円（500万ポンド）当てているし、犬、馬、カード、サッカーなどはもちろん、そのほかいろいろなものに"投資"できる場所にこと欠かないところ、それがロンドンだ。

"どこに行けば賭けができるの？"

　賭けごとをしたかったら、あちこち探し回る必要はない。ブックメーカー Bookmaker とかブッキーズ Bookies と呼ばれる賭けの胴元・ベッティング・ショップ betting shops はコンビニエンス・ストアと同じくらいよく見かけられる。

　見つけるのは簡単。ラドブルックス Ladbrokes（現在は日本の野村所有）とか、ハリー・ラムズボトムス Harry Ramsbottom's といった看板や、下手くそな犬や馬の絵を窓

Section A: Fun & Games

に掲げ、うさん臭そうなオヤジが煙ったい部屋の中をうろうろしているところを探せばいい。はっきりいって、お世辞にも清潔で洗練された雰囲気じゃないが、ひょいと賭けごとをしてみたくなった人には手ごろだ。最近は、女性でも安心して入れるきれいなベッティング・ショップがけっこうできている。

イギリス人は、なんでも賭けの対象にするから、そこに行けば、例えば、今年のクリスマスに雪が降るかどうか、次の総選挙でどの政党が勝つか、妊娠しているロイヤルファミリーの夫人が次に産むのは、男の子か女の子か、といったことまで、ほとんど何にでも賭けて楽しめる。

しかしまあ、たいていの人は3つのスポーツに賭ける。競馬、ドッグレース、そしてサッカー。これらのスポーツの最新のレース結果やゲームの様子は、衛星放送を通じてベッティング・ショップの中に並ぶテレビにリアルタイムで映し出されている。

日本と違って、じつにさまざまな賭け方があるので、スタッフに教えてもらったほうがよい。もしこれにはまってしまったら、ベッティング・ショップで電話もしくはインターネット口座を開けば、家に居ながらにして賭けに参加することもできる。

"ドッグレースってどんなもの？"

ものはためし、ちょっとした夜のお出かけとして、ドッグレースのスタジアムをのぞいてみたらどうか。雰囲気は完全に大衆向けだ。食べ物は最低限のものしかない。うわ

セクションA：遊ぶ

さだけで確認はしていないが、レース結果があらかじめ決まっていることがあるらしい。そうしたことが気にならないなら、友だちと出かけるのはめちゃめちゃ楽しい。

　入場料はたいてい12レース分で5ポンドくらいだ。レースそのものはいたって簡単。6匹の犬がトラックでダミーのウサギを追い掛けるだけ。もしトイレにでも行ったりしていると、肝心のレースを見逃してしまうかもしれない。何しろレース時間はほんの1、2分くらいなのだ。

　客はレースの合間にビールを何杯も空けながら、次のレースで勝ちそうな犬はどれかと目星をつける。本格的なギャンブラーは犬の過去の成績を重視する。たまたま入った客は自分の好きな数字、犬のかわいさで選ぶといった賭け方をするものだが、ぼくのやり方はちょっとちがう。犬のお尻をジーッと見る。そしてレース前にうんちをした犬に賭ける。緊張感をもってレースに臨んでいる証拠だというのが、ぼくの理論で、わりと成功（少ししか負けていないぼくの基準としては）してきた。

　場内の設備はどこのスタジアムもたいてい簡素なものだが、必ずバーはあるし、食べ物も買うことができる。近ごろ改装されたハックニー Hackney には、かなりちゃんとしたレストランもできた。

"イギリスの競馬って日本とはイメージが違うんでしょ？"

　もう少し洗練された賭けごとをお望みなら競馬。競馬新聞を尻ポケットに差したオヤジたちがあふれる日本とは違って、英国の競馬場は金持ちと有名人も集まるところなのだ。

Section A: Fun & Games

　もちろん女王陛下も何頭かの競走馬を持っていて、競馬場にも当然お出かけになる。
　競馬は、いまだに階級制がはっきりと見られるスポーツだ。席によってチケットが分かれており、10ポンドくらいが普通の人たちが入るスタンド用、20ポンドはメンバーズ・オンリーの席で、会員や金持ちの競馬愛好家用だ。
　ロンドンからすぐ近くにいくつかの競馬場がある。その中でもいちばん豪華なのが**アスコット Ascot**競馬場で、イギリスの平地競馬の発祥地だ。毎年6月半ばに、王室主催のロイヤル・ミーティング Royal Meeting が行われ、血筋を誇る貴族たち（blue blood）と純血種の競走馬（thoroughbreds）がここに集う。ロイヤル・ミーティングは、ファッションショウの会場となることでも有名だ。女性客たちが被ってくる、あきれるほど大きい帽子に注目が集まるのだ。
　最高の競走馬とジョッキーを見たいという競馬ファンなら、ロンドン南西部のサリー州 Surrey に行くべきだろう。そこにはディック・フランシスの競馬ミステリーに出てくる**エプソム Epsom**、**ケンプトン・パーク Kempton Park**、**サンダウン・パーク Sandown Park** という世界でも何本かの指に入るほど有名な競馬場があり、熱いレースと賭けが待っている。
　もっとも簡単な賭けの仕方は、コンピュータ化されたものに参加することだが、競馬場にいるブッキーズから、もっといいオッズを手にすることができる場合もしばしばある。彼らはたいてい勝ち馬一点勝負でいいオッズを付けている。
　夏の間に**ウィンザー Windsor** で行われる夕方のレースに

セクションA：遊ぶ

行けば、ロンドンの中心街近くでもくつろいだ雰囲気で楽しめる。入場料は5ポンド以下で、たいていライブが行われている。ピムズ Pyms というなカクテルを売る屋台があって、イギリスの坊っちゃん嬢ちゃんたちにとても愛されている。

🖳リンク

http://www.racing.press.net/ 　競馬情報
http://www.sporting-life.com/ 　競馬情報
http://www.casino.com 　オンライン・ギャンブル

■Dog races（入場料は3ポンドから5ポンド）

① キャットフォード・スタジアム （020-8690-8000）
　Adenmore Road, SE6, Catford Bridge rail

② ウォールサムストー・スタジアム （020-8531-4255）
　Chingford Road, E4, Walthamstow Central tube

③ ウェムブリー・スタジアム （020-8902-8833）
　Stadium Way, Wembley, Middlesex, Wembley Park tube

④ ウィンブルドン・スタジアム （020-8946-8000）
　Plough Lane, SW17, Wimbledon Park tube

⑤ ハックニー Hackney （020-8986-3511）
　Waterden Road, Stratford, E15

■Horse races（入場料は5ポンドから30ポンド）

⑥ アスコット （01344-622211）
　High Street, Ascot, Berks, Ascot rail

Section A: Fun & Games

⑦ エプソム (01372-470047)
Epsom Downs, Surrey, Epsom Downs rail

⑧ ケンプトン・パーク (01372-470047)
Staines Road, Sunbury-on Thames, Surrey, Kempton Park rail

⑨ サンダウン・パーク (01372-470047)
The Racecourse, Portsmouth Road, Esher, Surrey, Esher rail

⑩ ウィンザー (01753-865243)
Maidenhead Road, Windsor, Berks, Windsor and Eton Riverside rail

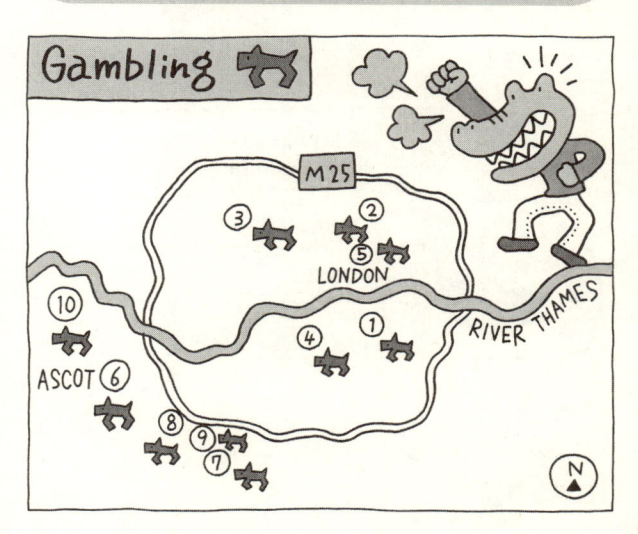

セクションA：遊ぶ

■教科書で学べない発音のレッスン

> What do you fancy for the next race?
> ウォジャ ファンシィ フォラ ネクスライス？

> What are the odds on number 15?
> ウォズダオゾン ナンバフィフテイン？

Section A: Fun & Games

I don't care.
ア ダンケア

Five pounds on number 15 to win.
ファイヴパウ ノンナンバフィフテイン
トゥウィン

ちょっとひと言/Tip
ウィンザーの夕べを本当に楽しみたいのならテムズ河の旅をしてみよう。ロンドンの中心部から往復するシャトルボートがレースの前後に出ている。ウィンザー城の近くでピクニックをするのもいいだろう。

セクションA：遊ぶ

■話してみると 1

(Kay is in a bookmakers)

Kay: Can you help me fill in this betting slip?
Staff: Sure. What race do you want to bet on?
Kay: The 3:15 at Windsor.
Staff: And which horse do you want to bet on?
Kay: Number 3, Dashing Dangler.
Staff: To win, to place or each way?
Kay: To win.
Staff: And how much do you want to bet?
Kay: Five quid.
Staff: OK, and do you want to pay tax now or on your winnings?
Kay: I'll pay now.

■ボキャブラリー/The lingo

Bookies—Bookmaker をちぢめた言い方。ベッティングショップ。
Punters—賭ける人。ベッティングショップなどのお客。
Have a flutter on Number 15—15番にひと山張る (賭ける)。

Section A: Fun & Games

（ケイはブックメーカーの店にいる）

ケイ：ベッティング用紙の書き方を教えてほしんだけど。
スタッフ：いいとも。どのレースに賭けたいんだい？
ケイ：ウィンザーで3時15分にスタートするやつヨ。
スタッフ：で、賭けたい馬はどれだい？
ケイ：3番のダッシング・ダングラー。
スタッフ：単勝か、複勝か。それとも三連複式にするかい。
ケイ：単勝で。
スタッフ：賭け金はいくらにするね？
ケイ：5ポンド。
スタッフ：オーケー。税金は今払うかい、それとも払い戻し金からにするかい？
ケイ：今払うわ。

・・・・・・・・・・・・・・・・・・・・・・・・・・・・・・

Go down the dogs/nags—ドッグレース場／競馬場に行く。
I've lost a fortune—手痛い損をする。
Jammy git—（多少のやっかみを込めて）運のいいやつ。

・・・・・・・・・・・・・・・・・・・・・・・・・・・・・・

セクションA：遊ぶ

■話してみると 2

(Joe is at a dog-racing track with friends)

Friend: What do you fancy for the next race?
Joe: I reckon No 3, Slippy Customer. His past form is great. What about you?
Friend: Dick Splash is trap six — it's my lucky number.
Joe: What are the odds?
Friend: 10 to 1.
Joe: It doesn't stand a snowball's chance in hell. You'll be throwing your money away.
Friend: I don't care. I'll put a couple of quid on it just for a laugh.
　　(They place their bets and the race starts)
Friend: Come on Slippy Customer.
Joe: Go on Dick Splash.
　　(Dick Splash wins)
Joe: You jammy git. How much have you won?
Friend: 20 quid. It's my lucky day.
Joe: It's your turn to buy the drinks. I've lost a fortune tonight.

Section A: Fun & Games

（ジョーは仲間とドッグレース場にいる）

友達：次のレースはどいつが来ると思う？
ジョー：3番のスリッピー・カスタマーさ。やつの戦績はすごいよ。お前は？
友達：6番の囲いにいるディック・スプラッシュ、6はおれのラッキーナンバーだからな。
ジョー：オッズはどうなってる？
友達：10対1だよ。
ジョー：そりゃお話にならないよ。金をドブに捨てるようなもんだ。
友達：かまわないさ。面白半分でちょっといってみるだけだから。
　　　　（彼らの賭けが決まり、レースが始まる）
ジョー：そこだ、スリッピー・カスタマー！
友達：行け、ディック・スプラッシュ!!
　　　　（ディック・スプラッシュが勝つ）
ジョー：まったくお前はついてるやつだぜ。いくら儲かった。
友達：20ポンド。今日はおれのラッキーデイみたいだな。
ジョー：今度はお前が飲み物をおごる番だぜ。おれはスッカラカンになっちゃったよ。

セクションA：遊ぶ

❻ 公園でのくつろぎ：Park life

"パークライフ？　おばあちゃんのこと？"

あー、それもあるけど、それだけじゃない。公園には、植物がたくさんあってリスが走りまわっている。でもまだそれだけじゃない。そこでは生きている人生が見られるのだ。それよりも、自分の人生を生きることができる。

静かに本を読んでいる人、なにもしないでぼーっと流れる時間を味わっている人、spliff を作って吸っている人。スプリッフというのは、ロールしたマリファナシガレットのことだ。別のほうを見れば、スポーツに熱中している人たち…おなじみのサッカーだ。またある人は、恋人と snog している。スノッグていうのはべたべたすることだね。

"あなたもそうしたの？"

ほっといてよ。どんなにロンドンを好きでも、昼時のランチタイムの間くらいは、すべての騒音や人込みや公害から逃れたいと思う時があるはずだ。公園がたくさんあってそれができるというのが、ロンドンを住みやすい街にしている理由かもしれない。

ロンドン中心部にある 3 大公園、つまりハイド・パーク **Hyde Park**、リージェンツ・パーク **Regent's Park**、セント・ジェイムズ・パーク **St. James Park** などは、しばしば"ロンドンの肺"と表現される。こうした公園はただクリーンな空気を供給してくれるだけではない。

公園は日本のように禁止が多くない。何より素晴らしいのは、"芝生に入るべからず"の看板がほとんどないこと。ピクニックやサッカーができる広いスペースがある一方で、ただ座って本も読めるということだ。もっとも、いかにも"さあどうぞ"というように置かれたデッキチェアに座るときは気をつけがほうがいい。すぐさま飛んできた係員に使用料を請求されることになる。

ほかに公園でやってみたくなりそうなことといえば、ハイド・パークのサーペンタイン湖 The Serpentine でボートを漕ぐとか、リージェンツ・パークの動物園を訪ねるとか、セント・ジェイムズ・パークでアヒルやリスなどの餌付けといったことだろうか。

また例えば、リージェンツ・パークで行われるイスラム教の祝典といったように、公園では軍楽隊の演奏やパレード、フェスティバルもよく行われる。

"遠足をかねて行けるところは？"

デート、友人とのピクニック、あるいは一人のそぞろ歩きでもいいが、少し中心街を離れてロンドンの絶景を眺められる丘陵部の公園に向かってみよう。眺望がきく公園の中でもおすすめなのは、南部のリッチモンド・パーク Richmond Park、北部のハムステッド・ヒース Hampstead Heath だ。

ハムステッド・ヒースには、夏のレイクサイド・コンサートで有名なケンウッド・ハウス Kenwood House がある。たとえ熱烈なクラシック音楽ファンでない人でも、草の上の食事でくつろぎワインを飲み、オーケストラを聞きながら沈

セクションA：遊ぶ

みゆく太陽と花火を観たなら満足するに違いない。似たような野外コンサートはトレント・パーク Trent Park やリッチモンドのハム・ハウス Ham House など、あちこちで催されているが、いずれもケンウッドの盛り上がりにはかなわない。

　グリニッジ・パーク Greenwich Park やキュー・ガーデンズ Kew Gardens に行くのもそれぞれに素晴らしい1日となるだろう。どちらへもテムズ河を航行する船で行ける。グリニッジ・パークではイースト・ロンドン East London の素晴らしいパノラマを楽しめるほか、活気あふれるマーケット、貸しボート、旧王立天文台（Old Royal Observatory ここでいわゆるグリニッジ標準時が決められている）。そしてもちろんすぐ近くには新しくできたミレニアム・ドーム Millennium Dome もある。

　ミレニアム・ドームは大きいものだけど、恥ずかしいものなのであまり話したくない。みんなのお金をムダに使っておもしろくないものを作ったのは、ロンドンの恥だ。1999年12月31日にミレニアム・ドームをスタートしようとした式典で、手ちがいがあって、招待客を3時間も待たせるという失敗もあった。政治家の考えた遊びで、入場料も高く中身もぜんぜんおもしろくないのだ。

　キュー・ガーデンズ Kew Gardens は、世界最大のラン（orchids）のコレクションがある王立植物園 the Royal Botanic Gardens で有名だ。もしこれにあまり関心がないなら、さらに船で西に進んでハンプトン・コート・パレス Hampton Court Palace に向かおう。ここは素晴らしい庭の芳しさと歴史に包まれている。

サッカーやソフトボールをするスペースならいくらでもある。ビクトリア・パーク Victoria Park、アレクサンドラ・パーク Alexandra Park、バタシー・パーク Battersea Park などには、競技場と競技トラックもそろっている。

🖥 リンク

www.smoothhound.co.uk/tourism/london/parks.html
公園ガイド
http://www.rbgkew.org.uk/　王立植物園ガイド
http://www.open.gov.uk/rp/rphome.htm
王立公園ガイド

💡 ちょっとひと言/Tip
　小さいながらも魅力的なのがウォーターロー・パーク Waterlow Park で、ここからのロンドン市街の眺めは素晴らしい。ハイゲイト共同墓地 Highgate Cemetery を訪ねてみよう。ここにはあのカール・マルクス Karl Marx が眠っている。暖かく着込んで、11月5日のガイ・フォークス・ナイト Guy Fawkes night に出かけるのもいいだろう。その夜はロンドンの空が花火で埋め尽くされる。

セクションA：遊ぶ

■こんなところあんなところ

① アレクサンドラ・パーク(020-8444-7696)
   Alexandra Palace rail

② バタシー・パーク(020-8871-7530)

③ グリニッジ・パーク 020-8858-2608)
   Greenwich rail

④ ハムステッド・ヒース (020-7485-3873)
   ケンウッド・ハウス(020-8348-1286)

⑤ ハンプトン・コート・パレス(020-8781-9500)

⑥ ハイド・パーク (020-7298-2100)
   Marble Arch tube

⑦ キュー・ガーデンズ (020-8332-5000)
   Kew Garden tube

⑧ リッチモンド・パーク(020-8948-3209)
   ハム・ハウス(020-8940-1950)
   Richmond rail

⑨ リージェンツ・パーク(020-7386-7905)
   Camden Town tube

⑩ セント・ジェイムズ・パーク(020-7930-1793)
   St.James Park tube

⑪ ビクトリア・パーク (020-8533-2057)
   Mile End tube

⑫ ウオーターロー・パーク (020-8348-9908)
   Highgate tube

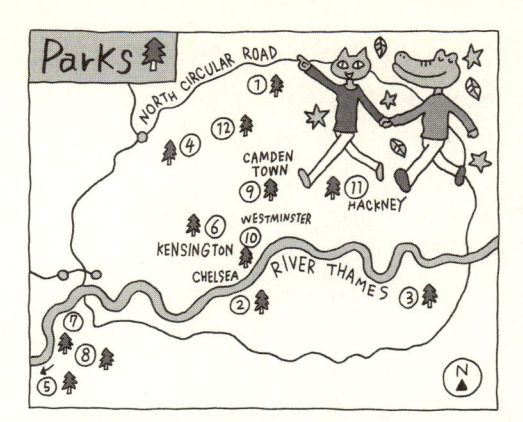

Section A: Fun & Games

■教科書で学べない発音のレッスン

Where shall we meet?
ウェ シャ ウィミ?

What often do the boats depart?
ア オフン ドゥダ バウツ ディパー?

Is there a discount for students?
イゼア ディスカウン ファ ステューデンス?

How long does it take?
アロン ダズェ タイ?

セクションA：遊ぶ

■話してみると 1

(Kay is invited to a concert at Kenwood House)

Friend: We've got a spare ticket for Kenwood on Saturday. Would you like to come?
Kay: Definitely. What should I bring?
Friend: We're taking a picnic, so maybe you could bring some wine and fruit.
Kay: No problem. Are you sure that's all?
Friend: Well, it might be a good idea to bring a blanket to sit on and a brolly in case it rains. Oh and don't forget the cups and bottle-opener.
Kay: Got it. I was thinking of driving there. Where can I park?
Friend: It's murder trying to park. You'd be better off getting a train to Highgate, then a taxi.
Kay: OK. Where shall we meet?
Friend: We'll be close to the lake. It shouldn't be hard to find us.

(ケイが友人からケンウッド・ハウスのコンサートに誘われる)

友人：土曜日にあるケンウッド・ハウスのコンサートのチケットが余分に手に入ったの。あなたも行かない？
ケイ：もちろんよ。私は何を持って行けばいい？
友人：私たちピクニックをすることにしてるの。だからあなたはワインとフルーツを持って来て。
ケイ：ええ、いいわ。でも本当にそれだけでいいの？
友人：そうねえ、敷いて座るのに毛布を持って来たほうがいいかな。もし雨が降った時のためにカサもね。アッ、それからカップと栓抜きも忘れないで。
ケイ：わかったわ。車で行こうと思ってるんだけど、どこか止めるところあるかしら？
友人：駐車するのはむちゃくちゃしんどいわよ。ハイゲイトまで地下鉄で来て、そこからタクシーにしたほうがいいわ。
ケイ：オーケー。どこで待ち合わせようか。
友人：私たち湖の近くにいるから、見つけるのに苦労はしないと思うわよ。

セクションA：遊ぶ

■話してみると 2

(Joe asks about a boat trip to Greenwich)

Employee: Good morning. Westminster Passenger Services.
Joe: Hello. How often do boats depart for Greenwich?
Employee: There are services from Westminster Pier every 30 minutes.
Joe: And how long does the journey take?
Employee: About 45 minutes.
Joe: And the price?
Employee: £5.80 for a single. £7 for a return.
Joe: Is there a discount for students?
Employee: Yes, a single is £4 , and a return is £5.
Joe: And is there somewhere I can eat on board?
Employee: Yes, most boats sell food and drink.

■ボキャブラリー/The lingo
In case—‥‥の場合には(事前のアドバイスに使われる)。
Got it—分かった。理解した。
It's murder doing...—‥‥するのがとても大変（面倒くさい)。

Section A: Fun & Games

（ジョーはグリニッジまでの船旅について尋ねている）

職員：おはようございます。ウエストミンスター乗船客案内です。

ジョー：グリニッジへの船はどのくらいの間隔で出ていますか？

職員：ウエストミンスター桟橋から30分間隔で出ています。

ジョー：船旅の時間はどのくらいかかりますか。

職員：約45分です。

ジョー：料金は？

職員：片道5ポンド80ペンス。往復だと7ポンドになります。

ジョー：学生割引はありますか？

職員：はい、片道が4ポンド、往復で5ポンドになっています。

ジョー：船の中にはどこか食べるところがありますか？

職員：ええ、ほとんどの船は中で食べ物と飲み物を売っています。

・・・・・・・・・・・・・・・・・・・・・・・・・・・・・・・

Brolly―カサ。
Single―片道（切符）。
Return―往復（切符）。

・・・・・・・・・・・・・・・・・・・・・・・・・・・・・・・

Section B: Shopping & Style

ロンドンの最新情報
http://www.honmanoLondon.com

セクションB：買う、おしゃれをする

7 マーケット：Markets

"ロンドンってマーケットより高級デパートで有名じゃない？"

　かつてはそこがただひとつのファッションの中心だったけど、今はもうひとつのファッションとして、個性的なマーケット・ファッションがはやっている。

　セカンド・ハンド・クローズを組み合わせていくんだけど、デザイナーズ・グッズやブランド・グッズが大好きな人も、いつのまにかラフなロンドン・マーケットでショッピングするようになっている。ここにはそんな魅力があるのだ。

　ぼくのよく知っている日本の若い女性の場合は、なかなかだった。ヒースロー空港にやってきたときはごくふつうのOL。赤いリップを塗った、ワンレン・ボディコンだった。着るものといえばシャネルやサン・ローラン。2年後に日本に帰ったときは、鼻ピアスをして、髪を染めたパンク・ファッション。背中にはドラゴンのタトゥーが彫られていたのだ。入管の係官がパスポート写真と本人を見比べて、さんざん首をひねったのもむりはない。

"まずどこに行ったらいい？"

　ロンドンのストリート・マーケットは、変わった服や珍しい食品を手ごろな値段で探している人にとっては天国だ。店は汚くて込み合っているし、なかにはみすぼらしいセコハンの衣料品もあるが、何よりこうした店には活気がある。衣料品はきれいに洗濯されていて、とても安い。アメリカからの

セコハン衣料を日本で買うのと違うところだ。

　まずおすすめするのは、土曜日か日曜日の**カムデン・マーケット Camden Market**。ここはいまロンドンの観光客の間で4番目に人気のあるところだ。通りを歩けば、それぞれに特徴を持ったマーケット・エリアが果てもないかのように続いている。**エレクトリック・ボールルーム Electric Ballroom** のようなところに観光客はひっかかる。しかし、メイン・マーケット Main Market で安くて質の良い衣料品が、骨董ならチョーク・ファーム・ロード Chalk Farm Road の裏で、手作りの服、エスニック・ファッション、そしてヒッピー調ならザ・ロック The Lock で見つかるはずだ。リージェンツ運河に続くこの辺り、コブルド・コート・ヤード Cobbled Court Yard はもっとも生き生きとして忙しい場所になっている。

　もうひとつ、必ず見たいのは**コヴェント・ガーデン Covent Garden**だ。ここはしゃれているが、それに見合って値段もやや高めだ。ジャケット・ポテト（オーブンで焼き上げた皮つきのジャガイモ）をむしゃむしゃやりながら大道芸を見物して歩くのが楽しい。

"もっとディープに潜り込みたいときは？"

　コックニー社会の地元であるイースト・エンド East End の香りを求めて**スピタルフィールズ・マーケット Spitalfields Market**、**ブリック・レーン Brick Lane** に行ってみよう。ブリック・レーンでは革のジャケットの大安売り（それでも必ず値切るのだ）が目つく。もし地元文化を本当

セクションB：買う、おしゃれをする

に味わう勇気があるなら、有名なイースト・エンドの料理であるジェリイド・イール (jellied eels) を試していただきたい。バングラデッシュ人たちの大きなコミュニティがあるので、ここはカレー料理もいける。

アフロ・カリビアンの食事、音楽、ファッションを知るには、ロンドンのブラック・コミュニティ中心部にあるブリクストン・マーケット Brixton Market を試すのがいい。出される料理は仔牛の頭、山羊の肉、豚の尻尾、ヤムイモ、パンの実というわけだが。

骨董で有名なのが、ポートベロー・ロード・マーケット Portobello Road Market だ。2,000以上もの露店が宝飾品から絵画まで何でも並べている。ここでは野菜やフルーツも安い。丘を下ると最新流行の衣料品、レコード、そしてタトゥーの店などがある。アンティークもすごくよい。

本当のバーゲンを漁るなら、ペチコート・レーン Petticoat Lane まで下ればいい。ロンドン一安く衣料品や靴を売っている。しかし日曜日は大混雑するから注意したい。

100軒ほどの露店しかないグリニッジ・マーケット Greenwich Market には、もっと心のこもった手作りの商品が並ぶ。近くの公園の景色がまたいい。

ウォルサムストー Walthamstow は中心部からかなり離れているが、絶対に見る価値はある。450の露店が安い衣料品から食べ物、家庭用雑貨まで何でも売っていて、"ヨーロッパでいちばん長いストリート・マーケット"というのがここの自慢なのだ。

🖥リンク

  http://www.camdenlock.net　カムデン・ロックの情報と写真
  http://www.timeout.com/london/serv/markets/
  general.html　『タイム・アウト』最大のウェブサイト
  http://www.insomnazine.co.uk/markets.html
  マーケット情報

■教科書で学べない発音のレッスン

Can I try it on?
ケナ　チュライ　イ　オン？

How much are you asking for this?
アウマッチャスキン　ファ　ディス？

That is more than
I was planning to pay.
ダス　モダン　アウォズ
　プラニン　タ　ペイ

Can't you knock a bit off?
カンチャ　ノッカ　ビッオフ？

セクションB：買う、おしゃれをする

■マーケットはこんなにある

① カムデン Camden （020-7284-2084）
木曜日から日曜日営業　（Camden Town tube）

② コヴェント・ガーデン Covent Garden
月曜日から土曜日営業　（Covent Garden tube）

③ ブリック・レーン Brick Lane, E1, 日曜日営業
（Aldgate East, Shoreditch or Liverpool Street tube）

④ ブリクストン Brixton, Electric Avenue, SW9,
月曜日から土曜日営業　（Brixton tube）

⑤ グリニッジ Greenwich, Greenwich High Road,
木曜日から日曜日営業　（Greenwich rail）

⑥ ペチコート・レーン Petticoat Lane, 日曜日営業
（Liverpool Street tube, Aldgate East tube）

⑦ ポートベロー・ロード Portobello Road, W10,
金・土曜日営業　（Ladbroke Grove and Notting Hill tube）

⑧ ウォルサムストー・マーケット Walthamstow Market, E17,
月曜日から土曜日営業　（Walthamstow Central tube）

⑨ スピタルフィールズ　Spitalfields （020-7247-6590）
65, Brushfield St, E1,　（Liverpool Street tube）

— Shopping & Style

Markets

- CAMDEN TOWN ①
- ⑧
- BAYSWATER ⑦
- WESTMINSTER ②
- ⑨ ③
- ⑥
- CHELSEA
- RIVER THAMES
- BRIXTON ④
- ⑤
- N

💡ちょっとひと言/Tip
 一番よいバーゲンに行きたかったらcar boot saleへ。日曜日の路上や駐車場で開かれるフリーマーケットで、地方紙を見ると細かいことはわかる。car bootは車のトランクのこと。

セクションB：買う、おしゃれをする

■話してみると 1

(Joe haggles for a second-hand leather jacket at Brick Lane Market)

Joe: Can I try this jacket on?
Stall holder: Sure, go ahead.
Joe: Is it real leather?
Stall holder: All our stuff is genuine leather. Check the label for yourself.
Joe: (Puts jacket on) How much are you asking for it?
Stall holder: That one's very cheap. Only 140 quid. You won't get a better price anywhere.
Joe: It's more than I was planning to pay. Can't you knock a bit off?
Stall holder: Are you paying cash?
Joe: Yeah.
Stall holder: In that case, I can do it for £130.
Joe: And there's a mark on the sleve. Can't you knock off a fiver for that?
Stall holder: You're killing me. OK, £125.
Joe: Done.

(ジョーがブリック・レーン・マーケットでセコハンの革ジャンを値切る)

ジョー：これを試着してみていい？
店主：いいともさ。さあ、どうぞ。
ジョー：これって本革なのかい？
店主：うちの商品はみんな本革さ。自分でラベルを確認してみてくれよ。
ジョー：(革ジャンを着て) いくらにしてるの？
店主：それはバカ安さ。たったの140ポンド。ほかじゃその値段で買えないよ。
ジョー：それじゃ予算オーバーだな。少しまけられない？
店主：キャッシュで買うのかね。
ジョー：そうだよ。
店主：そんなら、130ポンドにしておこう。
ジョー：ああ、袖にシミがあるな。これでもう5ポンドまけてよ。
店主：あんたには参っちゃうなあ。いいよ、125ポンドだ。
ジョー：買った。

セクションB：買う、おしゃれをする

■話してみると 2

(Kay gets a tattoo at Portobello Road)

Kay: How much is a tattoo?
Tattoo artist: It depends. Which design do you want?
Kay: That little lizard.
Tattoo artist: And where do you want it?
Kay: On my shoulder.
Tattoo artist: I can do it for £40.
Kay: How long will it take?
Tattoo artist: Four hours or so, but you'll have to come back tomorrow. I'm busy now.

■ボキャブラリー/The lingo

Market stall holderー市で商っている人。
Second-hand clothesー古着。
Hand-made goodsー手づくり品。
Genuine leatherー本革。
Stuffー商品。
Tattooー刺青。
Pierced earーピアスをした耳。
Two for the price of oneー一個の値段で二つ。

Shopping & Style

(ケイがポートベロー・ロードで刺青を入れようとしている)

ケイ：刺青を入れるにはいくらかかるの？
刺青師：まあいろいろだな。どの絵柄にしたいのかね。
ケイ：そこのトカゲのよ。
刺青師：どこに入れたいんだい。
ケイ：肩よ。
刺青師：40ポンドでやろうじゃないか。
ケイ：時間はどれくらいかかるのかしら。
刺青師：4時間かそこいらだけど、今は忙しいから明日また来てくれよ。

• •

Buy one, get one free ─ これを買いなよ、もうひとつおまけするから。
It's too big/too small ─ 大きすぎ/小さすぎ。
Quid ─ ポンド。
Fiver ─ 5ポンド札。
Tenner ─ 10ポンド札。
Rip-off ─ ふっかける。
Knock-off ─ まける。

• •

セクションB：買う、おしゃれをする

8 ヘア・サロン：Hairdresser's

"有名なスタイリストのお店ってどう？"

ロンドンには、世界的に有名なヘア・スタイリストが集まっている。そこで、街にはさぞ最新流行のヘアスタイルがあふれているだろうと期待するとガッカリする。多くのイギリス人は日本人ほどヘアスタイルに気を使わないし、時間もお金もかけない。

じゃあ、みんな同じようないいかげんな頭で歩いているかといえば、ぜんぜんちがう。一方にほんとにみごとなヘアスタイルがあり、もう一方にはとんでもなくひどいヘアスタイルがある。それが極端だ。ロンドンがすばらしいのは、ヘアスタイルひとつとってみても、じつにバラエティに富んでいるところだ。

さあ、憧れのスタイリストの美容室へ。ぼくの経験では、とてもよくもあり悪くもあった。スタイルはすばらしい。が、カットに集中するあまり、サービスを忘れる。体を覆うカバーをいいかげんにかけたり、ぼくの妻の場合は、店を出たときに、まだ耳にシャンプーが入っていた…。

トップクラスのヴィダル・サスーン Vidal Sassoon やトニー＆ガイ Toni & Guy といった店は、その技術と創造性で世界的に知られている。どちらも自分たちのスクールを持っていて、世界中からヘア・スタイリストが集まるメッカだ。特に日本からの人が多い。

リストに挙げたような店でカットしてもらうには大枚が必

要だが、スクールの実習生のカットモデルになる気があれば安くやってもらえる。トニー＆ガイのカットモデルになれば無料だが、ウェイティング・リストは数週間分にもなるから、早く名前を書いておかなくてはならない。ヴィダル・サスーンのスクールならもっと早くやってもらえるが10ポンドくらい払わなくてはならない。しかもすぐに終わると思ってはいけない。実習生たちは十分に時間をかけるのでカットだけで3時間以上かかることもある。

しかし少なくとも仕上がりについては安心していてよろしい。実習生を注意深く観察している先生たちがいて、必要なときにはチョンチョンと正確なハサミを入れるので大失敗ということはない。

"いき当たりばったりで飛び込むとどうなる？"

もちろんロンドンっ子の多くは髪をカットしてもらうのに、男は街中の床屋 barber's に行くし、女は美容室 hair salon に行く。しかし日本人がそうした店に入るとおそらくひどいカルチャー・ショックを受けるだろう。

日本では散髪は感覚的に気持ちのよいものだと思われている。例えば温かいタオルやマッサージ、時にはアルコール飲料やタバコまでサービスする店もあるので、日本に来た外国人は観光地より理容室に感動する。しかしイギリスでは散髪はやっかいごとのような扱いで、多くの人はできるだけ早く終えたがる。その結果、客はときどき工場の生産ラインに乗っけられた気分にさせられることがあるのだ。調髪だけをしてくれるような床屋では特にそうである。

セクションB：買う、おしゃれをする

　日曜日あるいは夜遅くに散髪ができると思ってはいけない。イギリスのヘア・ドレッサーたちの働く時間は日本に比べたらかなり短い。しかし一般的に言って値段は安めであるし、注意深く探せば、数カ月あるいは数年後に日本で流行するかもしれない髪型にしてくれる店もあるはずだ。

🖳リンク

　http://www.snipmagazine.com　最新のヘア・ファッション情報

　http://www.headgardener.co.uk　ヘア・スタイルとヘア・グッズ

　http://www.widemedia.com/fashion.uk/　シックなファッション情報

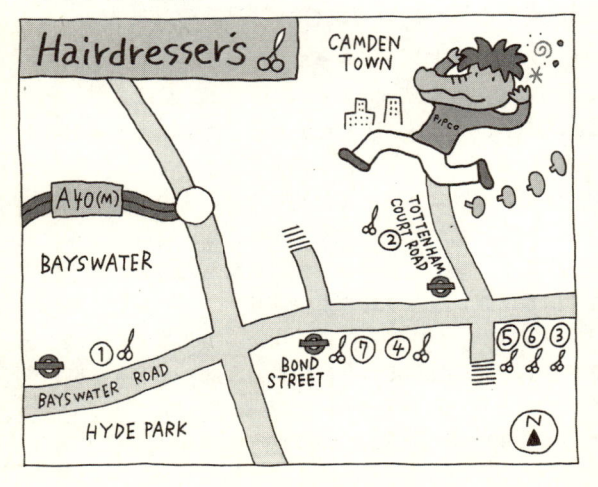

Shopping & Style

■とってもクールに仕上げてくれるところ

① ブレードランナーズ (020-7229-2255)
158 Notting Hill Gate, W11, Notting Hill Gate tube

② チャールズ・ウォーシントン (020-7631-1370)
12 Charles Place, W1, Goodge Street

③ トニー&ガイ・アカデミー (020-7836-0606)
16 West Central Street, WC1

④ フィッシュ (020-7494-2398)
30 D'Arblay Street, W1, Tottenham Court Road tube

⑤ スチュアート・フィリップス (020-7379-5304)
25 Monmouth Street, WC2, Covent Garden tube

⑥ ヴェイソス (020-7813-6570)
5 Grape Street, WC2, Covent Garden tube

⑦ ヴィダル・サスーン (020-7491-8848)
60 South Molton Street, W1, Bond Street tube

ちょっとひと言/Tip

チップをやるのは一般的なやり方。それで次に行ったときには良い扱いをしてくれる。チップの額はあなたの満足度次第だが、値段の10%が平均的なところだろう。もちろん、もしまったく満足できなかったのなら1ペンスだってやる必要はない。

セクションB：買う、おしゃれをする

■教科書で学べない発音のレッスン

How would you like it?
アー ウッジャ ライキッ？

I'd like to make an appointment.
アラータ マイカ アンポーインメン

How do I get there?
アウ ダイ ゲッデア？

> **What kind of style were you after?**
> ウォ カインダ スタイル ワーヤー アフタ?

■ボキャブラリー/The lingo

The worksーすべて。全部一式。また、俗語で麻薬注射器一式。
Barber shopー男性用のヘア・ドレッサー。いわゆる床屋。
Hair salonーだいたいは女性用のヘア・ドレッサー。
To cost an arm and a legー とても費用がかかること。
Barnetーコックニー(cockney)で髪 (hair) のこと。
Bowl headー調理用ボールのような形にカットした頭。
Skin-headー非常に短く刈った頭。いわゆる剃り上げた坊主頭。
Slap-headーからかい半分あるいは侮蔑的に、禿げている人をこう呼ぶ。
Syrup, rug, wigーシロップ Syrup はコックニー。ともにカツラのこと。
Bobby Charltonーバーコード状にカットした頭。ボビー・チャールトンBobby Charltonはこのヘアスタイルをしたイギリスの有名フットボール選手の名前。
Dreadsー髪の毛を細く束ねて縮らせたヘアスタイル。もともとはラスタファリアン特有のヘアスタイル。

セクションB：買う、おしゃれをする

■話してみると 1

(Joe visits a high-street barbers for a trim)

Barber: Next please. (Joe takes chair) Sorry to have kept you waiting.
Joe: No problem.
Barber: What would you like today?
Joe: Just a wash and cut.
Barber: Right. And how would you like your hair?
Joe: A No.2 on the back and sides and thin it out the top.
Barber: How about the front. How much would you like off.
Joe: Not much. Just tidy it up a bit.

Shopping & Style

(ジョーは調髪してもらいに街の床屋に行った)

床屋：次の方、どうぞ。(ジョーが座る) お待たせしました。
ジョー：気にしなくていいよ。
床屋：今日はどのようにいたしましょう？
ジョー：調髪と洗髪だけ。
床屋：分かりました。カットはどのように？
ジョー：後と横は2番のバリカンで、上は少しすいてくれないかな。
床屋：前髪はどのくらい切りますか？
ジョー：あまり切らないで。ほんの少しそろえる程度に。

BEFORE　　AFTER

セクションB：買う、おしゃれをする

■話してみると 2

(Kay arranges a modelling appointment at Vidal Sassoon's hairdressing school)

Sassoon staff: Hello, Vidal Sassoon's.
Kay: Hi, I'd like to make an appointment.
Sassoon staff: Sure, what day were you thinking of?
Kay: How about Tuesday?
Sassoon staff: Yep, that's fine. You should get here about 9 am.
Kay: OK.
Sassoon staff: What kind of style were you after?
Kay: A perm, colouring and cut. The works.
Sassoon staff: That'll be £10.
Kay: How do I get there?
Sassoon staff: The nearest tube station is Bond Street. It's just a minute's walk from there.
Kay: Thanks.

(ケイがヴィダル・サスーンのカットモデルに申し込みをする)

スタッフ：こんにちは。ヴィダル・サスーンです。
ケイ：こんにちは。予約をしたいんですが。
スタッフ：かしこまりました。いつごろがよろしいですか。
ケイ：火曜日ではどうかしら。
スタッフ：結構です。午前9時ころにおいでいただけますか。
ケイ：ええ、いいわ。
スタッフ：どのようなスタイルをお望みですか？
ケイ：パーマをかけて、カラーリングとカット。一通り全部ね。
スタッフ：それですと10ポンドになります。
ケイ：そちらへはどうやって行けばいいのかしら？
スタッフ：最寄りの駅は地下鉄のボンド・ストリート。そこから歩いて1分ほどです。
ケイ：ありがとう。

セクションB：買う、おしゃれをする

9 スーパーマーケット:Supermarkets

"興味ないよ。スーパーのチャプターなんてページがもったいない！"

うるさいね。スーパーはとっても大切なんだ。生活用品を買うだけじゃなくて、ピープル・ウォッチングができるし、国際文化比較のとってもいい場所なんだ。それに、スーパーにはいろんなミステリーがある。

どうしてショッピング・トローリー shopping trolley（カートのこと）がこんなに大きいのか？　どうして冷凍食品がこんなにでかいのか？　イギリス人にこんなにたくさんの種類のポテトがどうして必要なのか？　それはベーコンについても、ミルクについてもいえるミステリーだ。そして、イギリス人はどうしてこんなに列にうるさいのか？

"スーパーはたくさんあるの？"

かつてイギリスは、ヒトラーに"商人の国"とさげすまれたものだった。それは小商いの店がやたらと多かったことや、商業に対するある種の国民的な強迫観念のせいだったろうと思われる。街のハイ・ストリート high-street（これは日本のいわゆるセンター街に当たる）が地域生活の中心であり、住民たちは店が開いている時間内（今とはちがって商人の力が強く、休みが多かった。平日はたいてい9時から5時。日曜は休み。水曜日は半日営業であった）に生活に必要なものをまかなっていたのだ。

いまや顧客の力が強くなり、そうした商売ぶりもすっかり変わってしまったが、そのおかげで日本のコンビニや自動販売機に慣れた旅行客は助かっている。ロンドンの店も日本の店に負けず劣らずといったところまできているし、便利さという点ではすでに追い越している店もある。

　商売熱心なインド亜大陸出身者の店の存在によるところが大きいのだが、たいていの食料雑貨の店は週に7日間、夕方遅くまで開いているし、24時間オープンしている大型スーパーマーケットも増えている。買い物をする場所がハイ・ストリートから郊外の大型ショッピングセンターに替わり、車で行くしかないのがやや不便だ。

　こうした店は従来のガイドブックには出てこない。しかし、例えばテスコ Tesco とか セインズベリーズ Sainsbury's、ウエイトローズ Waitrose、セイフウェイ Safeway といったスーパーマーケットは、ロンドンっ子の生活意識を大きく変えた。

"日本とはどこが違うの？"

　最初に挙げられるのは、日本のダイエーやジャスコの倍ほどもある買い物用カートにあふれるほど買い物をする人が多いことだ。（しかもたいていのスーパーマーケットには、少ない買い物客用の"急行レジ"がある）。なぜか？ その理由のひとつは、日本と違って食べ物、特に果物や野菜がかなり安いからだ。もうひとつの大きな理由は、冷凍食品の信奉者として有名なイギリス人は、ちょくちょく買い物に出掛けなくてもいいように、巨大な冷凍冷蔵庫に食

セクションB：買う、おしゃれをする

料を貯えるからだ。

このことは、新鮮な農産物が健康に良いと信じている日本から来た人には少なからぬショックを与えるようだが、冷凍やインスタントの食品がおいしいので、すぐに地元の買い物の習慣になじんでしまう。特に、**マークス＆スペンサー Marks and Spencer's**の冷蔵のインスタント食品は素晴らしい。

"大きくっても、まずかったらしょうがないでしょ？"

イギリスの食べ物の評判は良くないが、品質が悪いのではない。酪農製品の質は世界でも屈指で、牛乳は濃くてクリーミーだ。(牛乳ビンのふたにその濃さが示されている。赤と白はセミ・スキム、シルバーはほどよくクリーミー、ゴールドはしばしばクリームの固まりをすくわなくてはならないほど濃厚)。

チーズもマイルドなチェダーチーズから濃厚な香りのスティルトンチーズStilton Cheeseまでいろいろある。ヨーロッパのほかの地域のチーズ（フレンチ・ブリー French Brie、デイニッシュ・ブルー Danish Blue、イタリアン・ゴルゴンゾーラ Italian Gorgonzola など）も安く食べやすいサイズで出回っている。もちろんカウンターで量り売りだってしている。

同様に、野菜類も日本よりも安くて品数も豊富だ。イギリス人がいかにポテトにご執心であるかは、売られている種類の多さを見れば分かる。これは全部必要なのだ。サラダ用、ベイク用、チップ用…というぐあいに使い分けるのだから。

(小さな新ジャガは香りが良く、大きなキング・エドワーズは焼くと最高)。油で揚げるとおいしい路地ものの巨大マッシュルームもある。こうした野菜を自分でほしい分だけ袋に取って買える。

　勇気があるならライス・プディングを試食してみよう。日本人のイメージする「プリン」とはまったく異なり、お米と砂糖をミックスしたものにジャムをつけて食べるのだが、「イギリス人って変わってる!」と納得できる絶好の見本のようなものだ。これはイギリスの代表的料理だけど、だいたいのイギリス人は嫌いだ。

　多くのスーパーマーケットには日本の麺類や野菜が置いてあるが種類は少ない。本格的な日本の味を求めるなら、307頁に挙げたような日本の食品雑貨店に立ち寄ってみよう。ミソや醤油 Soy Sause、お米、コンブ、ノリ、ワサビなどのほかにも必需品が手に入る。

"イギリス人の好物って何なの?"

　イギリスには"人は食べ物で決まる You are what you eat"ということわざがある。それからすると、大量のチョコレートを食べるロンドンっ子は、甘くて不健康だと言えそうだ。

　「ロンドンで一番奇妙なのは、大の男が地下鉄の中でチョコレートを食べていること」と、ある日本女性に言われたことがある。人前で物を食べることは不作法で、甘いもの好きは子供っぽいと思っている日本人には異様に思えたのだろう。

　イギリスでは、男も女もひっきりなしにチョコレートを食

セクションB:買う、おしゃれをする

べる。さまざまな種類のチョコレートの棚がスーパーマーケットなどにあふれていて、その需要の膨大さを物語っている。これを見たら、日本人の平均寿命が長くて、肥満や心臓病の問題が少ないのも当然だと思える。

🖥リンク

　http://www.internetshopper.com　オンライン・ショッピング情報
　http;//www.interflora.com　花のオンライン・ショッピング
　http://www.roboshopper.com　オンライン・ショッピングの価格比較

💡ちょっとひと言/Tip
　もし夜も遅くて店が閉まってから、どうしてもタバコやチョコレート、コンドームなどが欲しくなったときは、近くのガソリン・スタンドに行ってみるとよい。たいていそこにはミニ・コンビニがある。

Shopping & Style

■食材を買うのなら

① ハロッズ Harrods
　フォートナム＆メイソン Fortnum and Mason's

② マークス＆スペンサー Marks and Spencer's

③ テスコ Tesco
　ウェイトローズ Waitrose
　セインズベリーズ Sainsbury's
　セイフウェイ Safeway

④ クイックセイブ Kwiksave
　アズダ Asda
　アイスランド Iceland

※高級店からお安い店の順に並べてある
　アイスランドは冷凍食品の専門店

■教科書で学べない発音のレッスン

> Where can I find the rice-pudding?
> ウェ　クンナ　ファインダ　ライスプディン？

セクションB：買う、おしゃれをする

> When will you get them in?
> ウェン ウィルヤ ゲッ アムイン？

> Are you having me on?
> アヤビン ミ オン？

> Don't make me laugh.
> ダン マイ ミ ラーフ

■ボキャブラリー/The lingo

Sold out—売り切れ。
Oops, silly me—おおっと。わたしってバカね。
Tin—ブリキのカン。かんづめのカン。
7-11—セブン・イレブン。
Damn!—ちくしょう！ なんてこった。
Thanks a bundle— とても感謝している。
You're an angel—とてもやさしい人ね。
Are you having me on?—ひとをバカにしてるのか。
Don't make me laugh—笑わせないでくれ。(相手に取り合わないときの言い方)
I don't give a shit—かまわねぇよ。関係ねぇよ。(乱暴な言い方)

セクションB：買う、おしゃれをする

■話してみると 1

(Kay is in Tesco)

Kay: Excuse me, where can I find the rice-pudding?

Shop assistant: It's right behind you madam, on the top shelf.

Kay: Oops, silly me! Thanks.

Shop assistant: Don't mention it.

Kay: (Looks at shelf) Oh, these are too big. Don't you have any of the small tins?

Shop assistant: Sorry, but we've sold out.

Kay: Damn! When will you get some more in?

Shop assistant: We are expecting a delivery tomorrow.

Kay: (Disappointedly) Right.

Shop assistant: If you're in a hurry, try the 7-11 by the traffic lights. I think they sell them.

Kay: Thanks a bundle. You're an angel.

Shop assistant: No problem.

(ケイはテスコの店にいる)

ケイ：すみません。ライス・プディングはどこにありますか？
店員：お客さんのすぐ後の、いちばん上の棚にあります。
ケイ：へえっ。あらそう。ありがとう。
店員：どういたしまして。
ケイ：(棚を見て)これはちょっと大き過ぎるわ。もっと小さなカンはないの？
店員：あいにく、売り切れてしまいました。
ケイ：何んてこと。次はいつ入荷するの？
店員：明日の予定になっておりますが。
ケイ：(ガッカリした様子で)そうなの。
店員：もしお急ぎでしたら、信号の側のセブン−イレブンにあると思いますよ。
ケイ：ありがと、助かるわ。あなたって、とっても親切ね。
店員：いいえ、それほどでも。

セクションB：買う、おしゃれをする

■話してみると 2

(Joe, who hates shopping, overreacts when somebody pushes in to his check-out queue)

Joe: Excuse me! There's a queue here, you know.
Other shopper: Are you having me on?
 I was here before you.
Joe: Yes, and then you left to do some more shopping.
Other shopper: I was only gone for a minute.
Joe: One minute or one hour – it makes no difference. You left the queue.
Other shopper: So what are you going to do about it?
Joe: Unless you get to the back, I'll call the manager.
Other shopper: Don't make me laugh, you wouldn't do that.
Joe: Try me.
Other shopper: You little prick. I've only got a few items.
Joe: I don't give a shit.
Checkout assistant: Will you two please grow up and look for another line. I'm closing this one and going on my lunchbreak.

(買い物を急いでいたジョーは、レジの列に割り込まれてカッとしてしまう)

ジョー：ちょっと、並んでるんだよ！
別の客：何を言ってるんだ。おれはあんたよりも前からここにいるんだ。
ジョー：そうかもしれないけど、何か買い足しにあんたは列を離れたろう。
別の客：ほんの1分だろう。
ジョー：1分か1時間かは問題じゃない。あんたは列を離れたじゃないか。
別の客：だから何だって言うんだ。
ジョー：もし列の最後に戻らないなら、マネージャーを呼ぶぞ。
別の客：笑わせるなよ。できもしないくせに。
ジョー：やってやろうじゃないか。
別の客：いやな野郎だな。おれのはほんの少しの買い物だろうが。
ジョー：そんなことは関係ないよ。
レジ係：お二人ともいい加減にして別な列にお並びください。昼食の時間ですのでこのレジは閉めます。

セクションB：買う、おしゃれをする

10 ショッピングの快楽：Shopping for pleasure

"銀座のベテランだから、買い物ならまかせて！"

それはけっこう。でもひとつだけお願いがある。ロンドンでおみやげを買うとき、デパートの紅茶ですませないでほしい。おもしろい現代のイギリスのものをぜひ探してください。アロマテラピーとか、サッカーグッズとか、ミステリーとかいろいろあるはずだから。

円高基調が続いてフトコロに余裕があれば、ついふだんと違うちょっとぜいたくな買い物をしたくなるだろう。友だちへの土産だって買ってみたくなる。じっさいロンドンにはお金をつかう場所はいくらでもあるのだ。でも用心してほしい。多くの店は、時には銀座の店よりも高い代金を請求するにもかかわらず、それに見合うだけの価値あるものが手に入るとは限らない。

近ごろでは、消費者の間で"ぶったくりのブリテン"(rip-off Britain) と攻撃されているが、ツーリストはその絶好のえじきと思われている。特に日本人は、有名ブランドの店で高価な買い物をしたがるので、格好のターゲットなのだ。

ツーリストのグループはたいていすぐにハロッズやMitsukoshi に行って、ウェッジウッドの陶器やバーバリーのスカーフ、リーフティーなどを手にとる。それは、たいへん高いロンドン土産を買うことになる時代遅れの買い物のしかただ。ハロッズやフォートナム＆メイソンに入っているごく少数の金持ち相手の店の商品は別として、たいていの商品

はほかでもっと安く買える。買い物にかける時間があったら、もっと今風でオリジナルなロンドン土産を探してみよう。

"どこから探す？"

　大きなデパートから始めるのはよい方法だ。ハロッズは現在、1997年に自動車事故で亡くなったダイアナ妃の、ボーイフレンドだったドゥディ氏の父親であるモハマド・アルフェイド氏が所有していて、それだけでも観光客の話題になっている。つい最近まで店のウィンドウには、悲劇の二人（アルフェイド氏はイギリスのシークレット・サービスに殺されたと言っている）を悼む言葉が掲げてあった。

　それほど華麗な話題はないにしても、1月のセール期間前後はほかのデパートにも行ってみる価値がある。すてきなバーゲンに出合えるかもしれない。

　ハービー・ニコルズ Harvey Nichols と**リバティ Liberty's** は、どちらも女性ファッションでトップクラスの人気店だ。ここにはイギリスの有名なデザイナーがたくさんいる。例えば、パンクの女王として知られる**ヴィヴィエンヌ・ウエストウッド Vivienne Westwood** や、環境問題活動家でもある**キャサリン・ハムネット Katharine Hamnett**。2人ともキングス・ロード King's Road、スローン・ストリート・エリア Sloane Street area とボンド・ストリート Bond Street にもブティックを持っている。

　マークス&スペンサー Marks and Spencer's やジョン・ルイス John Lewis では、ほどほどの品質のものを比較的安い値段で買える。有名なイギリスのブランドを欲しい男性には、

セクションB：買う、おしゃれをする

洋服ならポール・スミス、履物ならドクター・マーチン、パトリック・コックスがある。

　もしリッチな買い物とはどういうものか知りたいなら、たくさんの老舗テイラーがあるゼヴィル・ロー Saville Row に行ってみよう。あるいは買い物の土産話に、セント・ジェイムズ・ストリート St. James Street にも行ってみよう。200年以上の歴史のある店がいくつかあるが、もっとも興味深いのはジェイムズ・ロック James Lock という帽子屋だ。この店ではすべての顧客の頭の型を保存している。昭和天皇、シャルル・ド・ゴール、ウイリアム皇子などのほかに、多くのハリウッド・スターたちのものもある。

"アキバみたいな特色のあるところはない？"

　エレクトロニクス関係では秋葉原に匹敵するものは見つけられないだろう。トテナム・コート・ロード Tottenham Court Road にはたくさんのオーディオ・ショップやコンピュータ・ショップがあるが、値段はたいてい日本より高いし、製品としても日本より半年から1年は遅れているので期待はできない。

　この通りを5分ほど南に歩くとチャリング・クロス・ロード Charing Cross Road の書店の集まったところに出る。女性専門から、スポーツ、美術、ゲイの世界までの専門書店もある。その中でもっとも有名なのがフォイル Foyle's で、驚くほどの数の在庫書籍をそろえている。古風な構えや独特の支払いシステムにイライラしたり混乱させられるが、この巨大な書店は"本の虫"たちにとってはパラダイ

スであり続けている。

この通りに隣接したデンマーク・ストリート Denmark Street にはいくつか楽器店がある。レコード、テープ、ＣＤなどを探すには、地下鉄のトテナム・コート・ロード駅近くの裏通りになるハンウェイ・ストリート Hanway Street に行ってみよう。数店の中古レコード店があり、パンクからジャズまで何でも売っている。**ＨＭＶ**、**ヴァージン**、そして**タワー・レコード**のようなメガ・ストアも歩いてすぐのところだ。

専門店にはちょっと地下鉄に乗る。カムデンの**リズム・レコード Rhythm Records** はパンク、ニューウェーブ、サイケデリック等が素晴らしい。ノッティング・ヒルにある**ラフ・トレード Rough Trade** も同様の品ぞろえだがより飛んだ感じだ。ラドブローク・グローブ Ladbroke Grove の**オネスト・ジョン Honest John's** にはレゲエ、ラテン、ソウル、そしてジャズのセレクションがよい。

もうひとつのお土産として、化粧品店や専門品店を当たってみるのはどうか。そうした店はコヴェント・ガーデン Covent Garden のいい場所にあって、芸術的創造性や文化の多様性といったロンドンの新しい価値を反映している。

ボディ・ショップ The Body Shop やブーツ Boots のおかげで、イギリスの化粧品はまず日本から知られるようになった。最近、渋谷と銀座にも店をオープンしている。ホメオパシックの製品は最近大流行で、そうした商品を売る店がコヴェント・ガーデンに３軒できている。**ニールズ・ヤード・レメディ Neal's Yard Remedies**、ネルソンズ・ホメ

セクションB：買う、おしゃれをする

オパシック・ファーマシー Nelson's Homeopathic Pharmacy、そしてラッシュ Lush がそれだ。

"へんなものも探してみたいけど？"

ちょっと変わったところで、エニシング・レフトハンデッド Anything Left-handed をのぞいてみよう。ここでは右手利き社会で居心地の悪い思いをしている左利きの人のためにデザインされた、ハサミ、ワインの栓抜きなど、驚くほどの品々が売られている。

ザ・ビア・ショップ The Beer Shop には自分でビールを造るためのキットなど、さまざまな飲み物がある。そのほかのイギリスの若者文化を映す品々は、オックスフォード・ストリート Oxford Street の**ワールド・オブ・フットボール World of Football** で手に入る。**エクイノックス・ジ・アストロロジー・ショップ Equinox-The Astrology Shop** でニュー・エイジのヒッピー気分で土産を買ってみてはどうだろう。この店もコヴェント・ガーデンにある。このあたりでは、もしほしいものが見つからなくても、大道芸だけは楽しめる。

> 💡 ちょっとひと言/Tip
> 買い物をしたあなたにはキズ物の商品を返品や交換する合法的権利がある。もちろん必ずレシートは必要だ。またキズ物でなくても、気に入らないプレゼントだからと言えばたいていの店では別な物と交換してくれるはず。もし何か困ったことがあったら、市民相談所The Citizen's Advice Bureau (020-7485-7034 or 020-7359-0619) に連絡しよう。

Shopping & Style

🖥リンク
　http://www.which.net　消費者へのアドバイス
　http://www.widemedia.com/fashion.uk/　シックなファッション情報
　http://www.amazon.com　本と音楽ＣＤのオンライン・ショッピング

■ファッション＆デパート

① フォートナム＆メイソン　(020-7734-8040)
　　181 Piccadilly, W1, Piccadilly Circus tube

② ハロッズ　(020-7730-1234)
　　87 Brompton Road, SW1, Knightsbridge tube

③ ハービー・ニコルズ　(020-7235-5000)
　　109-125 Knightsbridge, SW1, Knightsbridge tube

④ キャサリン・ハムネット　(020-7354-4400)
　　20 Sloane Street, Knightsbridge tube

⑤ リバティ　(020-7734-1234)
　　214-220 Regent Street, W1, Oxford Circus tube

⑥ ポール・スミス　(020-7379-7133)
　　40-44 Floral Street, WC2, Covent Garden tube

⑦ ヴィヴィエンヌ・ウエストウッド　(020-7352-6551)
　　430 King's Road, SW10, Sloane Street tube

セクションB：買う、おしゃれをする

■化粧品の店

⑧ ラッシュ （020-7240-4570）
Units 7&11, The Piazza, Covent Garden,
WC2, Covent Garden tube

⑨ ニールズ・ヤード・レメディ （020-7379-7222）
15 Neal's Yard, WC2, Covent Garden tube

⑩ ネルソンズ・ホメオパシック・ファーマシー
(020-7629-3118) 73 Duke Street, WC2,
Covent Garden tube

■ちょっと変わった土産物

⑪ 星占い ＝ エクイノックス・ジ・アストロロジー・ショップ
Equinox-The Astrology Shop (020-7557-2576)

⑫ ビール ＝ ザ・ビア・ショップ (020-7739-3701)
14 Pitfield Street, N1, Old Street tube

⑬ 葉巻 ＝ ジェイ・ジェイ・フォックス・シガーズ
(020-7493-9009) 19 St.James Street, SW1,
Green Park tube

⑭ フットボール・グッズ ＝ ワールド・オブ・フットボール
(020-7287-5088) 119-121 Oxford Street,
W1, Oxford Circus tube

⑮ 帽子 ＝ ジェイムズ・ロック (020-7930-5849)
6 St.James Street, SW1, Green Park tube

⑯ 楽器 ＝ ワールド・オブ・ミュージック
(020-7240-7698) 20 Denmark Street, WC2,
Tottenham Court Road tube

⑰ **左利き用グッズ** =エニシング・レフトハンデッド
(020-7437-3910) 57 Brewer Street,
W1, Oxford Circus tube

⑱ **靴** =ドクター・マーチンズ・デパートメントストア
(020-7497-1460) 1-4 King Street, WC2,
Covent Garden tube

■レコード店

⑲ ブラック・マーケット (020-7437-0478)
25 D'Arblay Street, W1, Oxford Circus tube

⑳ オネスト・ジョン (020-8969-9822)
276 Portobello Road, W10, Ladbroke Grove tube

㉑ エイチ・エム・ヴィ (020-7631-3423)
150 Oxford Street, W1, Oxford Circus tube

㉒ リズム・レコード (020-7267-0123)
281 Camden High Street, NW1, Camden Town tube

㉓ ラフ・トレード (020-7229-8541)
130 Talbot Road, W11, Notting Hill Gate tube

㉔ タワー・レコード Tower Records (020-7439-2500)
1 Piccadilly Circus, W1, Piccadilly Circus tube

㉕ ヴァージン (020-7631-1234)
14-16 Oxford Street, W1, Tottenham Court Road tube

セクションB：買う、おしゃれをする

■おすすめの通り

- セヴィル・ロー Saville Row（紳士注文服店）
- ボンド・ストリート Bond Street、キングス・ロード King's Road（ファッション）
- チャリング・クロス・ロード Charing Cross Road（書籍、楽器など）
- トテナム・コート・ロード Tottenham Court Road（電気製品）
- コヴェント・ガーデン Covent Garden（美術・工芸品、化粧品、ファッション）
- リージェント・ストリート Regent Street、オックスフォード・ストリート Oxford Street（観光客向けの店、デパート、ハイストリート・ファッション）
- ハンウェイ・ストリート Hanway Street（中古レコード店）

■教科書で学べない発音のレッスン

I'd like to return this pair of shoes.
アライタ リターン ディスペアシューズ

Can I try this one?
クナ トライ ディソン?

How does it feel?
アーダ ゼ フィオ?

If you don't mind.
イフヤ ダン マイン

セクションB：買う、おしゃれをする

■話してみると１

(Kay is returning a pair of shoes at a shop in Oxford Street)

Kay: Excuse me.
Shop assistant: Yes, madam.
Kay: I'd like to return this pair of shoes.
Shop assistant: What's the problem?
Kay: The strap is broken.
Shop assistant: I'm very sorry about that madam. Do you have the receipt?
Kay: Yes, here you are. (Hands over receipt)
Shop assistant: Thank you. Would you like a new pair of shoes, a credit on your card or a cash refund?
Kay: Cash please.
Shop assistant: Certainly, it won't take a moment.

(ケイはオックスフォード街の店で靴を返品しようとしている)

ケイ：ちょっとお願いします。
店員：はい、どんなご用でしょうか。
ケイ：この靴を返品したいんですけど。
店員：何か不都合がございましたか？
ケイ：このストラップが壊れているのよ。
店員：それは大変申し訳ございませんでした。レシートはお持ちですか？
ケイ：ええ、ここに。（レシートを渡す）
店員：わかりました。どれか新しい靴になさいますか。それともカードの口座で精算いたしましょうか、あるいは現金の精算に？
ケイ：現金の精算にしてください。
店員：はい、分かりました。ただいますぐに。

■ボキャブラリー/The lingo

cut back―減らす。
try on―試してみる。
suits―似合う。
bit tight―少しきつい。
doesn't fit―合わない。
inside leg―股下の長さ。
put on pounds(weight)―太る。

セクションB：買う、おしゃれをする

■話してみると 2

(Joe is buying a suit)

Joe: Hello, Can I try this suit on?

Shop assistant: Of course sir. The changing room is over there.

Joe: Ta. (Tries on suit and returns)

Shop assistant: Suits you sir. How does it feel?

Joe: It's a bit tight around the waist.

Shop assistant: What size do you take sir?

Joe: 34. But I seem to have put on a few pounds. This doesn't fit.

Shop assistant: Shall I measure you sir?

Joe: If you don't mind.

Shop assistant: (Takes out tape measure). You seem to have become a 38 sir.

Joe: (Disappointed) Oh, I'll have to cut back on the beer.

Shop assistant: And shall I measure your inside leg sir?

Joe: No, I doubt if that has changed. It's a 32.

Shop assistant: I'll see if we have another suit like this in bigger size sir.

（ジョーはスーツを買おうとしている）

ジョー：すみません、これを試着していいですか？
店員：どうぞ。試着室はあちらでございます。
ジョー：ありがとう。（試着して戻る）
店員：お似合いですよ。着心地はいかがですか。
ジョー：少しウエストのあたりがきついね。
店員：サイズはいくつをお選びですか。
ジョー：34だけど、ちょっと太ったようだ。こりゃ合わないね。
店員：お測りいたしましょうか？
ジョー：いいかな。
店員：（メジャーを取り出す）38インチになっておられますね。
ジョー：（ガッカリして）ええっ、ビールを控えなくちゃいけないな。
店員：股下もお測りいたしましょうか？
ジョー：いや、いいよ。まさか変わっていないだろうから。32インチだよ。
店員：同じようなスーツで大きめサイズがあるかどうか見てまいりましょう。

Section C: Eating & Drinking

ロンドンの最新情報
http://www.honmanoLondon.com

セクションC：飲み、食べる

11 パブ：Pubs

"パブに行ってもぬるいビールしか飲めないんでしょ？"

　たしかにどのパブに行っても、そんなエールやビターを飲むことができる…しかし、冷たいラガーや黒ビール、ワインだって飲めるのだ。飲み物がさまざまあるように、パブもさまざま。たとえばゲイパブだってあるし、ライブをやっているパブもある。サッカーファンたちが集まってきて大きいスクリーンでゲームを見るパブもあれば、パブのオーナーが問題 (Quiz) を出して当たると賞金の出るパブもある。

　フルート・マシンでギャンブルもできるし、プール (pool) だって楽しめる。ナンパを目的にして集まるパブもあるが、ここでは飲み方にある節度が必要だ。あまりはりきって飲みすぎると、あかんように (brewer's droop) なってしまう危険があるから。まあ、それはそれとして、15歳からパブに出入りして (法律では18歳から)、やがてビアベリー (beer belly ビール腹) になるまでパブを愛しつづけるのがイギリス人なのだ。

"どうしてそんなにパブが好きなの？"

　料理法に関しては、イギリスが世界にあまり貢献してこなかったことは認めよう。しかしイギリスのパブが、世界の飲酒文化に強い影響を与えたことはだれも否定できないだろう。

　パブリック・ハウスという語源が示すように、歴史的にパ

ブはセカンド・ホーム、つまり仲間と会って、飲んだり、おしゃべりをしたりする、温かくて居心地の良い場所として人々に利用されてきた。(食べることはこうした大切なことから気をそらすものとみなされているから、食事はパブに行く前か後にすべきものなのだ)。

　もちろん時代は変わってきてはいる。バーが少しずつポピュラーになってきているが、やはり主流はパブ。人々は食べ物にも関心を向けるようになったし、かつてパブでの飲み物の主流だった室温で飲むエールは、冷たいラガーや黒ビール、ワインなどに押され気味ともいえるかもしれない。

　しかしパブライフの基本は変わっていない。寒い冬の夕べに暖かいパブで気のおけない友だちと1、2杯おごり合ったり、あるいは10時を回ってもまだ暗くならない夏の暑い夜にパブの庭でビールをやる。ロンドンでの体験でこれにまさるものは少ないだろう。

　滞在期間がどうであれ、ロンドンにいれば人との付き合いはパブを中心にして行われるから、目的に合わせて利用できる店をいくつか開拓しておくべきだ。

"まず、どんな店を選んだらいい？"

　まず最初に、localを見つける必要がある。ローカルというのは、住まいの近くにあって、気に入っている行きつけのパブのこと。老人たちがドミノをしているような伝統のある煤けた店にするか、ナンパ目当てのティーンエイジャーがたむろする騒々しくて現代的な店にするか。このへんの選択は大いに問題だ。しかしこの2つの両極端の間には、きっとあな

セクションC：飲み、食べる

たの気に入る店があるはずだから慎重に探してみたい。

　よい local の条件の一つは、ロックイン lock-in の有無。パブのラストオーダーは11時だが、このあとドアを閉め、カーテンも閉ざして、プライベート・パーティ風に客をいつづけさせてくれるのが lock-in。こうして1時、2時まで仲間と楽しむことができる。田舎には比較的多いが、ロンドン市内にもなくはない。探し当てればラッキーというわけだ。ラストオーダーの制限をはずそうとする政府の動きがあるが、いつ実現するかはわからない。

"会う人にあわせてパブをいろいろ変えてみたいときは？"

　ロンドンの中心街で人と会うときに使えるパブも、何軒か見つけておきたい。これも好みの問題だから選択に戸惑うところだが、にぎやかで伝統的な内装で人気のあるコヴェント・ガーデン Covent Garden の**ラム＆フラッグLamb and Flag**はどうだろう。もうひとつのおすすめは、エドワード7世時代の雰囲気にあふれた**ドッグ＆ダックDog and Duck**だ。

　もし日本から着いたばかりの友人と会うのなら、テムズ河に面したところか、あるいは河近くのパノラマが眺められるパブを選んだほうがいいだろう。セント・キャサリンズ・ドック St. Katherine's Dock のはずれには、3階建ての大きな**ディケンズ・イン Dickens Inn** がある。また15分くらい歩くと**ジ・アンカー The Anchor**、そして**ザ・ジョージ・イン The George Inn** などがあり、いずれも定評のある店だ。その西側にも、**ザ・シップ The Ship** や**ザ・シティ・バージ The City Barge** といった店など、素晴らしいテムズ河の眺め

を楽しめるパブが何軒かある。

　シャーロキアンだったら、いうまでもなく**Sherlock Holmes**。旧スコットランド・ヤード(警視庁)の近くにあって、シャーロック・ホームズの部屋がある。小説や映画でわくわくさせられたホームズの部屋が再現され、そこで飲むことはできないが、じっくりと細部を眺めることができる。

　ハムステッド Hampstead でパブのはしごというのはどうだろう。北部ロンドンでトレンディなこの辺りには、**スパニヤーズ・イン Spaniard's Inn** や、**ジ・オールド・ブル＆ブッシュ The Old Bull and Bush** などをはじめとして歴史のある一流パブが、どこから先に回ってもみな歩いて行ける範囲に何軒かある。少しひっかけた後では、こちゃこちゃした横丁に迷い込むかもしれない。しかしそれがあまり知られていない穴場のパブの発見につながったりする。

"最近の傾向は？"

　パブ文化の最新の変化についても知っておきたい。うんざりするほど今風なチェーン・パブ(例えば看板に Firkin、Parrot、Moon などの文字が入った店)の出現に加え、最近２つの面白い変化が見られる。ひとつは**ジ・オレンジ・ブルワリー The Orange Brewery** に見られるようなマイクロ・ブルワリー（micro-breweries 超ミニ醸造所）の出現である。なんとここでは飲み物を店の敷地内で醸造しているのだ。もうひとつはグルメパブ gormopubs の展開で、例えば**ジ・イーグル The Eagle** ではイギリス人なら驚くような一流料理が出される。こうした流れはコヴェント・ガーデンにある、

セクションC：飲み、食べる

ザ・ソーホー・ブルーイング・カンパニー The Soho Brewing Company に集約されていて、ここで英国パブの将来の姿を垣間見ることができるだろう。

　ところで、飲む前には英国流飲み方に関する黄金のルールを思い出していただきたい。それは2つある。「決して自分のおごる番（round）を忘れるな！」、そして「酌をしてもらえるなどと期待するな！」

🖳リンク
　http://www.blra.co.uk/　　イギリスのパブ情報
　http://alt.venus.co.uk/vpub　　ロンドンのパブ情報
　http://www.breworld.com　真面目な酒飲みのための真面目な情報

💡ちょっとひと言/Tip
　ラストオーダー（午後11時）の後にまだ飲みたいときは、レストランかクラブバーに行くべきである。『ジ・イブニング・スタンダード・パブ・ガイド The Evening Standard Pub Guide』が参考になる。

■教科書で学べない発音のレッスン

It's your round.
イショ　ラーン

What are you having?
ウォ　ヤビン？

I'll have a pint of Guinness.
アーラバ　ポイナ　ギーニス

Are you pissed already?
アヤ　ピストレディ？

セクションC：飲み、食べる

■おすすめのパブ

① ジ・アンカー　Bankside, SE1　London Bridge tube

② ザ・シティ・バージ　27 Strand on the Green, W4 Chiswick, Kew Gardens tube

③ ディケンズ・イン　St.Katherine's Dock, E1　Tower Hill tube

④ ドッグ＆ダック　18 Bateman Street, W1　Piccadilly Circus tube

⑤ ジ・イーグル　159 Farringdon Road, EC1　Farringdon tube

⑥ ザ・ジョージ・イン　77 Borough High Street, SE1　London Bridge tube

⑦ ラム＆フラッグ　33 Rose St, WC2　Covent Garden tube

⑧ オハンロンズ　8 Tysoe Street, EC1　Angel tube

⑨ ジ・オールド・ブル＆ブッシュ　North End Road, NW3 Hampstead, Golders Green tube

⑩ ジ・オレンジ・ブルワリー　37 Pimlico Road, SW1　Sloane Square tube

⑪ シャーロック・ホームズ　Northumberland Street, WC2　Charing Cross tube

⑫ ザ・シップ　41 Jews Row, SW18　Wandsworth Town rail

― Section C: Eating & Drinking

⑬ ザ・ソーホー・ブルーイング・カンパニー　41 Earlham Street, WC2 Covent Garden tube

⑭ スパニヤーズ・イン　Spaniard's Road, NW3 Hampstead tube

セクションC：飲み、食べる

■話してみると 1

(Joe has had too much to drink at his local)

Joe: It's your round.
Mate: Are you taking the piss? I got the last one in.
Joe: Are you sure?
Mate: Yeah. You haven't bought a drink all night.
Joe: Oh. Alright. What are you having?
Mate: I'll have a Guinness and a packet of salt and vinegar .
Joe: (Goes to bar). Nigel, my good man, mine's a lager and a pint of....oh shit, I've forgotten.... Make that two pints of lager, and have one for yourself.
Barman: Cheers. By the way, my name is Terry.
Joe: Oops. Pissed already!

■ボキャブラリー/The lingo

Boozing―酒（アルコール類）をがぶ飲みすること。
Regular―パブの常連客。
Bevy―飲み物。アルコールの入った冷たい飲み物。
Your round―君の飲み物を買う番。
I'll get them in―私が飲み物を買おう。
Lock-in―営業許可時間を超過して客を居させるパブ。

Section C: Eating & Drinking

（ジョーは行きつけのパブで飲み過ぎた）

ジョー：お前のおごりの番だぜ。
友人：ふざけてるのかい。おれが最後の一杯を頼んだろう。
ジョー：そうだったかな？
友人：ああ。今までお前は一杯も買ってないよ。
ジョー：分かったよ。で、何にするんだ？
友人：ギネスに塩とビネガーのチップスだ。
ジョー：（カウンターに行って）ナイジェルさんよ、おれはラガー、それと‥‥ええい、忘れちまった‥‥。ラガーを2杯、1杯はお前さんにだ。
バーテン：ありがとさん。ところで、あっしの名前はテリーなんですがね。
ジョー：オッといけない。もう酔っ払っちまったみいだな。

- -

Last orders—看板前に飲み物を買える最後のチャンス。
Pub grub—パブで出る食べ物。
Pub crawl (Bar hop)— 一晩で数軒のパブ（バー）を回ること。いわゆるはしご。
Pissed, out of it, legless—酔っ払った。泥酔した。
Hen party (Stag night)—結婚前夜の女友だち（男友だち）だけで開く 最後のバカ騒ぎパーティ。

セクションC：飲み、食べる

■話してみると 2

(Kay arranges a hen party with a friend)

Kay: Right, we'll all meet up at Hampstead Station at 8 pm.
Friend: OK, what's the plan after that?
Kay: A bite to eat and then a bit of a pub crawl.
Friend: Let's start with a couple of bevies at The Flask.
Kay: OK, then The Holly Bush and The Spaniard's.
Friend: That's a long walk, especially if we're legless.
Kay: Finally, the Old Bull and Bush, where the stripper will arrive at 10:30.
Friend: That'll be a giggle.
Kay: And then the fun really starts, when we head into town for some clubbing.

・・・・・・・・・・・・・・・・・・・・・・・・・・・・・・・・・・・・
A giggle ークスクス笑っちゃうくらい面白いこと（男は使わない表現）。
On the pull ーボーイフレンド／ガールフレンドを探し歩く。ナンパしに行くこと。
・・・・・・・・・・・・・・・・・・・・・・・・・・・・・・・・・・・・

Section C: Eating & Drinking

（ケイは友だちとヘン・パーティの相談をしている）

ケイ：それじゃ、午後8時にみんなとハムステッド駅で待ち合わせね。
友人：いいわ。それから先の計画は？
ケイ：まず食事、それからちょっとパブのはしごをするの。
友人：ザ・フラスクの2、3杯から始めましょうか。
ケイ：オーケー。それからザ・ホーリー・ブッシュとザ・スパニヤーズ。
友人：それは歩くのがたいへんよ。ことにみんなが酔っ払っていたらね。
ケイ：おしまいは、ジ・オールド・ブル・アンド・ブッシュ。10時半にはストリッパーが出るんだって。
友人：それって何だか面白そう。
ケイ：でも、本格的なお楽しみはセントラル・ロンドンのクラブから始まるのよ。

Head into town―ロンドンの中心街に行く。
Oops!―失敗した時などに発する声。特に意味はない。
Bite to eat―食べ物。

セクションC：飲み、食べる

12 レストラン：Restaurants

"イギリス料理のことなら何も話さなくてもけっこうよ。有名だから…"

やあ、どうもありがとう。

"そうじゃなくて、悪名高いってこと！"

あいかわらず時代遅れだな、その認識じゃ。ロンドンでもグローバル・スタンダードのレストランがそろってきたのだからね。

さて、日本とイギリスはたいへんよい関係にあるけれど、完全にハーモナイズするにはまだ大きな障害が2つある。イギリス側には第二次世界大戦の傷があり、日本側にはイギリス料理に対する不満があるというわけだ。ここ何十年もの間、イギリス料理は世界中で最悪だ— 少なくとも"まずくてうんざり"—という不名誉な評判だった。

それはもっともなことだった。イギリスでは肉汁を生かした簡素な料理をよしとし、スパイシーで辛いソースを軽蔑して、野菜をクタクタになるまで煮込む。新鮮な食材よりも冷凍ものに頼る傾向もあった。ロンドンっ子が使うスラングで、食べ物を差すノッシュ nosh、スコッフ scoff、グラッブ grub といった言葉に不愉快な響きがあるのも不思議ではない。ロンドンは台所の荒野、味覚芽のデッドゾーン、グルメにとっては悪夢だった。

しかしこうしたイメージも、イギリス人がみんな山高帽を

かぶっていると思うのと同じくらい時代錯誤だ。最近、特にソーホー Soho 地区などのレストランでは革命が進み、ロンドンの料理は今や世界のトップクラスに入っているといってよいだろう。

　もっとも、ロンドンで食べられるおいしい料理の大部分は、コスモポリスとしての首都の姿を反映したもので、イギリス伝統の料理ではない。イギリスは帝国ではなくなったものの、かつての植民地からさまざまな素晴らしい調理法を獲得してきた。特にホンコンから中華料理を、インド亜大陸からはカレー料理を。実際、新しい調理法を徹底的に採用したので、カレー料理はフィッシュ&チップスを圧倒してイギリスでもっともポピュラーな食べ物になっている。ロンドンには数百を数えるインド料理のレストランがあり、とてもリーズナブルな値段で本格的な料理をいろいろ提供している。もしそうした料理が辛すぎると思ったら―日本で食べるインド料理よりも香辛料が効いている―、口当たりのいいココナツベースのコーマ Korma を注文することもできる。

"それでひと安心…じゃあ自慢のお店を教えて？"

　どこか1軒の店を取り上げるのは不可能だが、味も良く値段もほどほどの店を探すなら郊外にかぎる。サウスオール Southall にあるギフトズ・ラホール・カラヒ Gifto's Lahore Karahi はパキスタン料理を出している。トゥーティング Tooting のカストーリ Kastoori はグジャラティ Gujarati のメニューだ。

　やや都心近くでは、ベイズウォーター Bayswater のザ・

セクションC：飲み、食べる

スタンダード The Standard が高価なインド料理を出す店だ。また違った味わいでおいしくて安いカレー料理なら、ブリック・レーン Brick Lane にあるバングラディッシュのレストラン、**ナズラル Nazrul** を試してみよう。

ロンドンの自慢は高級広東料理のレストランだ。その多くは活気にあふれたチャイナ・タウン China Town にある。もっともよく知られている中に **ウォン・キー Wong Kei** がある。安くておいしい料理とともに、びっくりするようなサービスの悪さは有名だ。できるだけぞんざいに客あしらいするように教育されたとしか思えないウエイターに、大声で怒鳴られたり突き飛ばされたりすることも、ここを訪れる楽しみのひとつなのだ。

もっと洗練された食事がしたいなら、クイーンズウェイ Queensway にある**ロイヤル・チャイナ Royal China** に行ってみよう。豪華な点心 dim sum が楽しめる。

その後で、市内の味の世界を旅することになる。イーリング・ブロードウェイ Ealing Broadway には、**ビービーズ BB's** のようなカリブ料理の店がたくさんある。またチャイナ・タウンの隣にあるリトル・イタリア地区 Little Italy には、イタリアン・レストランが軒を並べている。

中でもおすすめしたいのは、コヴェント・ガーデン Covent Garden の**ベルトレリーズ Bertorelli's** で、明るくて内装の素晴らしい店だ。目のごちそうとして、同じくらい素晴らしい**ベルゴ Bergo**のベルギー料理も試してほしい。そこでは修道士の服装をしたウエイターが料理や、実にたくさんある各種のビールを運んでくれる。

まったく違ったシュールな雰囲気を求めるなら、**クゥオ・ヴァディス Quo Vadis** に行ってみよう。このフランス料理の店には、ダミアン・ハースト Damien Hirst のアバンギャルドな作品をディスプレーしたバーもある。

もしベジタリアンになろうと思ったことがあるなら、ロンドンはそれを始める実に格好の場所だ。肉や魚抜きの食事をとることがほとんど不可能な日本に比べて、ここでは食事の選択の幅が大きい。ベジタリアン・フードの店で代表的なのは、**ザ・ゲイト The Gate** 、**ミルドレッズ Mildred's**、**スリ・シアム Sri-Siam** などだ。

"どれもこれもほかの国のものばかりじゃないの。伝統料理を食べたかったらどうしたらいい？"

イギリス料理は昔の素材と新しい調理の仕方、提供の仕方がミックスされることで再発明（再発見と言う人もいる）されたものだ。パブの料理はまだ比較的低い水準にあるが、レストランにはいくつか素晴らしいものがある。

ステファン・ブル Stephen Bull は現代イギリス料理のパイオニアのひとつで、ウエスト・エンド West End にある2軒をふくめていくつかの支店を持っている。小ざっぱりした小さな店はブランドフォード・ストリート Blandford Street に、大きな店は アッパー・セント・マーチンズ・レーン Upper St. Martin's Lane にある。

より伝統的なイギリス料理（骨つき肉、ヨークシャー・プディング、パイ）は、今風のランガーズ・ブラッスリー **Langard's Brasserie** などで味わうことができる。ここのオ

セクションC：飲み、食べる

ーナーは俳優のマイケル・ケイン Michael Caine だ。また、**ジ・アイビー The Ivy** は、映画や舞台のスターたちの間で人気の店だから、数週間前から予約しなくてはならない。

イースト・エンドのワーキング・クラスにもっとも有名なパイ＆マッシュ (pie and mash) は**マンゼス Manze's** で試してみるべきだ。もちろんフィッシュ＆チップスもだ。

景色を眺めながらのイギリス料理なら、テムズ河のヒスパニョーラ RS Hispaniola に乗るか、トラファルガー広場 Trafalgar Square のセント・マーチン・イン・ザ・フィールズ教会 St. Martin-in-the-Fields の下にある、**ザ・カフェ・イン・ザ・クリプト The Cafe in the Crypt** にしよう。

日本料理や韓国料理のレストランもたくさんある。フリーペーパーの『英国ニュース・ダイジェスト Eikoku News Digest』等をチェックしよう。ピカデリー Piccadilly のジャパン・センターや、日本の食品を扱っている店で手に入る。

🖳リンク

http://www.restaurantrow.com　好みのレストランを探す
http://www.london.diningguide.net　レストラン・ガイド
http://www.a-london-guide.co.uk/main.asp　バーチャルなロンドン・ガイド

ちょっとひと言/Tip

カレー・ハウスなど、たいていの安いレストランではワインやビールの持ち込みができる。もっとも少々持ち込み料は取られるが、無料の店もあるから、事前にチェックしたほうがいい。

Section C: Eating & Drinking

■教科書で学べない発音のレッスン

Can I reserve a table for two?
ケナ リザーバ テーブ フッツー？

Do you accept credit cards?
ジュー エクセプ クレディッ カーズ？

Are you ready to order?
アーヤ レディ トーダ？

I'll have the chicken.
アーハブ ダ チキン

セクションC：飲み、食べる

■さまざまなレストラン

●英国風＆ヨーロッパ風/British/Modern European

① ジ・アイビー (020-7836-4751) 1 West Street, London, WC2. Leicester Square tube (£20)

② マンゼス (Pie & Mash) (020-7407-2985) 87 Tower Bridge Road, SE1. (£15)

③ ランガーズ・ブラッスリー (020-7491-8822) Stratton Street, W1. Green Park tube (£35)

④ ステファン・ブル (020-7486-9696) 5-7 Blandford Street, W1. Bond Street tube (£25)

⑤ ザ・カフェ・イン・ザ・クリプト (020-7893-4342) St.Martin-in-the-Field's church, Trafalgar Square, Charing Cross tube (£10以下)

●各国料理の専門レストラン/Inernational

⑥ ビービーズ (Caribbean) (020-8840-8322) 3 Chignall Place, W13. Ealing Broadway tube (£10以下)

⑦ ベルゴ (Belgian) (020-7813-2233) 50 Earlham Street, WC2. Covent Garden tube (£20)

⑧ ベルトレリーズ (Italian) (020-7636-4174) 19 Charlotte Street, W1. Covent Garden tube (£25)

⑨ ナズラル Nazrul (Bangladeshi) (020-7247-8210) 130 Brick Lane, Aldgate East tube (£10以下)

⑩ クゥオ・ヴァディス (French) (020-7437-9585) 26-29 Dean Street, W1. Leicester Square tube (£20)

⑪ ロイヤル・チャイナ (Cantonese) (020-7221-2535)
  13 Queensway, W2. Queensway tube (£20)

⑫ ウォン・キー(Cantonese) (020-7437-6833)
  41 Wardour Street, W1. Leicester Square tube (£15)

●菜食主義の店/Vegetarian

⑬ ザ・ゲイト (020-8748-6932) 51 Queen Caroline
  Street, W6. Hammersmith tube (£15)

⑭ ミルドレッズ (020-7494-1634) 58 Greek Street,
  W1. Leicester Square tube (£15)

⑮ スリ・シアム (Thai) (020-7434-3544) 16 Old
  Compton Street, W1. Leicester Square tube (£20)

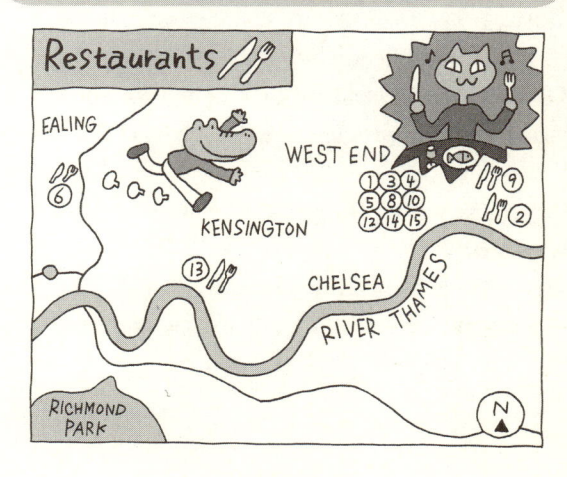

セクションC：飲み、食べる

■話してみると1

(Kay telephones an Indian restaurant to make a booking)

Manager: Curry Centre, good afternoon.

Kay: Hello. Can I reserve a table for two this evening?

Manager: At what time?

Kay: Around 7:30.

Manager: No problem.

Kay: I just want to check...do you have vegetarian dishes?

Manager: Of course, we can do any dish without meat.

Kay: Great. And can we bring our own bottle?

Manager: No problem, but we charge £2 for corkage.

Kay: That's fine. Do you accept credit cards?

Manager: Yes, of course.

Kay: Great. See you this evening.

Manager: Thank you for your booking.

Section C: Eating & Drinking

(ケイがインド料理の店に予約の電話をする)

マネージャー：カレー・センターでございます。
ケイ：今晩二人、予約したいんですが。
マネージャー：何時ごろでしょうか。
ケイ：7:30ごろに。
マネージャー：結構でございます。
ケイ：ちょっと確認したいんですが、お宅はベジタリアン用の食事もありますか。
マネージャー：もちろんです。どの料理も肉なしでご用意できます。
ケイ：すごいわね。お酒の持ち込みもできますか。
マネージャー：構いませんが、1本につき2ポンドの持ち込み料をいただきます。
ケイ：それはよかったわ。クレジットカードは使えますか。
マネージャー：はい、もちろんです。
ケイ：よかった。じゃ今晩うかがいます。
マネージャー：ご予約ありがとうございました。

■ボキャブラリー/The lingo

Nosh, grub, scoff—いずれも食べ物を意味するスラング。
Corkage —開栓料。持ち込み料。
Pie and mash—パイ&マッシュポテト。
Tuck in —食べ始める。

セクションC：飲み、食べる

■話してみると 2

(Joe and a friend order a meal at an expensive Soho restaurant)

Joe: Waiter!
Waiter: Yes, are you ready to order?
Joe: Yes. Can I have the griddled chicken salad?
Waiter: And for you? (looks at Joe's friend)
Friend: I'll have the same.
Waiter: Would you like a starter?
Joe and friend: No thanks.
Waiter: A dessert?
Joe: We'll think about that later.
Waiter: And what would you like to drink?
Joe: Two glasses of house wine, please.
Waiter: Red or white?
Joe: Red please. How much does that come to so far?
Waiter: Pardon?
Joe: We only have £40, I just wanted to check we didn't go over.
Waiter: I'll find out.

Section C: Eating & Drinking

（ジョーとその友だちがソーホーの高い店で食事を注文する）

ジョー：ウェイター！
ウェイター：はい。ご注文がお決まりですか。
ジョー：ああ、ぼくはグリドルド・チキンサラダ。
ウェイター：こちら様は（友だちのほうを見る）
友人：同じものを。
ウェイター：何か前菜をお持ちしましょうか。
ジョーと友人：いいや、結構だ。
ウェイター：デザートは何にしましょうか。
ジョー：後で決めるから。
ウェイター：お飲み物は何にいたしますか。
ジョー：ハウスワインを2つ。
ウェイター：赤白どちらで。
ジョー：赤を頼むよ。ここまででいくらになる？
ウェイター：はい？
ジョー：持ち合わせが40ポンドなんで、オーバーしないように確認しておきたいんだ。
ウェイター：計算してまいりましょう。

セクションC：飲み、食べる

13 お持ち帰り：Take-aways

"腹が減っていて急いでいるとき、ロンドンの人はどんなふうに食べる？"

ロンドンに来てビックリするのは、お持ち帰りの店 (Take-aways) が恐ろしく多いことだろう。そこでは、イギリスで最高の味と最悪の味を提供している。どういう種類の店かというと、チッピイ chippy と呼ばれるフィッシュ＆チップスの店、カレーハウス curry house、ケバブの店 kebab shop、中華料理の店 Chinese take-aways、サンドウィッチの店、ハンバーガー・チェーンの店、そしてピザの店 pizza parlours などだ。

忙しくてレストランで食事をする時間のない人や、家で料理をしたくない人にとってはありがたい店だ。たいてい安くておいしいし、夜に飲み歩いてお腹が空いたときに食べられるのがいい。こうした店は夜の11時にパブが閉まると繁盛しだす。特に冬場はチップスやケバブのあったかい袋は魅力的だ。

ケバブやチップスは道を歩きながら、車を運転しながら、地下鉄に乗りながら食べる。だからロンドンの通りや乗り物の中が汚れていたり、ちょっと臭ったりするわけだ。移動しながら食べる習慣はとてもくだけた和やかな気分にさせるものだ。あなたもぜひ友だちとチップスを分け合ってみるといい。

Section C: Eating & Drinking

"ちょっとお行儀が悪いみたい…"

　でも、楽しいよ。ついでにいうと、イギリス人はホラー話が大好きなように、持ち帰りの食べ物についてのヘンな話が大好きだ。ぼくがよく聞いた話では、チップスの中に焼きゴキブリが入っていたとか、カレーハウスで、犬の肉やトラファルガー広場の汚い鳩の肉を使っていたのを、市役所の人に見つけられたとか、ケバブの中にたくさんのウジがいるとか…。

　日本でも、ハンバーガー・ショップが進出してきたとき、猫の肉を使っているとかのウワサが流れたそうだから、ぼくたちと趣味が似ているのかも。

"よいチップスの店をどう選ぶ？"

　ロンドンには数千のテイクアウェイの店があるが、オーナーがちょくちょく変わるので味も変わりやすい。自分の行動範囲の中でしっかりリサーチしておこう。

　もっとも有名なテイクアウェイは、なんといってもフィッシュ＆チップスだ。これは、イギリスの主要な野菜（ジャガイモ）と近海でとれた魚（タラの種類や、ちょっとぜいたくな車エビ等）を食べられるので、昔からイギリス人には人気がある。魚はバターに浸してから油桶の中のチップスと一緒に揚げられる。ほとんど20世紀の間じゅう、フィッシュ＆チップスは栄養があって、寒い季節に安くお腹を満たす食べ物とされてきた。コレステロールが多くてとても油っぽいが、それでも近年のライバルであるカレーや中華料理に比べると刺激は少ない。

セクションC：飲み、食べる

　チップスの店はさまざまだから、お気にいりの店を決める前にあちこち違う店を試してみてほしい。チェックするのは、魚が新鮮で身が白いかどうか。チップスの外側はカリッと黄金色で、中は白くて柔らかいのがよい。

　イズリントン Islington にあるジ・アッパー・ストリート・フィッシュ・ショップ The Upper Street Fish Shop とヴィクトリア Victoria にある シー・フレッシュ Sea Fresh などは極上の植物油を使っていて油桶もきれいだ。これが良い店の秘訣なのだ。

　でき立てを買うには数分は待たなくてはならない。繁盛している店なら、すぐに出てくるチップスに問題はないが、あまり客が来ないのにすぐに出す店は、グレイチップスが出てきたりするので注意。灰色のチップスとは、先に揚げておいたものを温め直して、油まみれでクタクタになっているチップスのことだ。

　買ったチップスの袋の口を開けておいてもらい、塩とビネガーを振ってから店を出ればすぐに食べられる。

　たいていの店は、魚に代わるものとして、ソーセージや安いくず肉でつくったサビロイ(saveloys)、チキン、春巻(spring rolls) などを出す。もし本当に伝統的な味を試したいならピクルド・オニオン（玉ネギの酢漬け）も注文するといい。タラのフィッシュ&チップスの値段はたいてい5ポンド以下だ。

"ケバブも試したいけど？"

　歩きながら食べる、もうひとつのポピュラーな食べ物はケ

バブだ。肉とサラダをピータ (pitta) という平たいパンにはさんだ地中海料理。肉の違いや調理の仕方によって、いくつかの種類があるが、もっとも有名なのはドナ・ケバブ (doner kebab) だろう。回転式の支柱にマトンを幾重にも貼りつけ、じっくりと焼いたもの。その大きなブロックから切り取った肉をピータにくるんで食べる。ドナ・ケバブは3ポンド以下と非常に安いが、味は素晴らしい。しかし肉が乾いていることもあるから注意しよう。

　大きなドナ・スラブ (doner slabs) の中にはウジがわいているという話（もっとも僕はそれを証明できないが）をよく聞く。それというのも、肉の中を焼く温度がそんなに高くないし、肉は数日間も串焼き機械にかかっているからだ。安全でおいしい代わりのものはチキン・ドナ・ケバブ (chicken doner kebab) だ。これはマリネにしたサイコロ型の胸肉と、玉ネギ、ピーマンを串に刺して焼いたもの。値段はドナ・ケバブよりほんのちょっと高めなだけだ。

　チリソースとピクルド・チリペッパーには注意が必要だ。たしかにおいしいのだが、店や、あるいはシーズンによってはなはだしく刺激的なものがある。

"カレーの味はどう？"

　安心できるテイクアウェイならカレーハウスに行くべきだ。インド Indian、グジェラティ Gujerati、バングラディシュ Bangladeshi、そしてパキスタン Pakistani のレストランが、いつも変わらずしっかりした料理を出してきたので、カレーはイギリスでたいへんにポピュラーな食べ物になってい

セクションC：飲み、食べる

る。ここ10年の間に、カレーはフィッシュ&チップスよりポピュラーになってしまい、ぼくは自分の国の食文化が変わったのに驚いている。

　カレーがありがたいのは、前もって注文しておけることと、10ポンド以上の食事なら家に出前もしてくれること。もし料理がすごく辛くても、味も料理の種類も日本のインド料理の店よりは幅広い選択ができるから、それだけで嫌いになってはいけない。家でテイクアウェイのカレーを食べながら好きなテレビを見たり、友だちとおしゃべりをするのはロンドン暮らしの楽しみのひとつだ。ぜひお試しを。

"中華はどう？"

　中華料理もとてもポピュラーな料理で、日本の中華レストランのメニューとはだいぶ違うものが期待できる。ロンドンにいる中国人のほとんどはホンコンから来ているから、たいていの中華料理は広東風だからだ。

"ほかには？"

　もしあなたがロンドンの中心部で働いているなら、昼食にサンドウィッチを注文することがあるだろう。チェーン店の中でおすすめできる店はプレタ・ポルテ Pret a Porter で、ここはスシもやっている。ここやほかのサンドウィッチ・ショップでも、たくさんの種類のパンとさまざまな中身を取り揃えているが、あまりに多くて選ぶのにうんざりするかもしれない。昼間のテイクアウェイとして、今ロンドンではスシがサンドウィッチより人気がある。

※chips の意味はイギリスとアメリカで異なる。
　イギリスでは、食事の一部として出される温かいフライド・ポテトのこと。アメリカでは、ポテトを薄くスライスしてパックにしたスナックのこと。イギリス人はこれをクリスプス (crisps) と呼ぶ。

🖥 リンク

　http://www.curryhouse.co.uk/guide/map.htm　近くのカレーハウスを探す

　http://www.h2g2.com/A124534　最高のケバブ・ショップのリスト

💡 ちょっとひと言/Tip
メージャー前首相のアドバイスだが、チップスを買ったら、塩とビネガーを振り、次に袋ごとよく振ること。そうしないと底のほうのチップスに味がしみ渡らない。

セクションC：飲み、食べる

■教科書で学べない発音のレッスン

Alright?
ウワイ？

Open or wrapped?
アウプン オーラップ？

■ボキャブラリー/The lingo

Chippy—フィッシュ&チップスの店。
Mate—friend の意味だが、知らない人に親しげに呼び掛けるときにも使われる。
Alright—あいさつに使われる言葉。Are you all right? の略。
There you go—(=there you are) 何か物を手渡すときの表現。
Run out—（常備品などが）なくなる。切れてしまう。
Hang on—ちょっと待って。(=wait)
Open or wrapped?—（フィッシュ&チップスの）袋の口を開けておくか、閉じておくか ということ。袋を閉じた人は家で食べ、開けておく人は歩きながら食べる。

Section C: Eating & Drinking

Is that everything?
イザ エブリフィン？

PIZZA

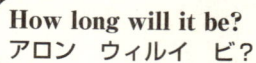

How long will it be?
アロン ウィルイ ビ？

セクションC：飲み、食べる

■話してみると 1

(Joe walks into a chippy)

Shop owner: Evening mate.
Joe: Alright .
Shop owner: What would you like?
Joe: Cod and chips.
Shop owner: Large or small?
Joe: Large please, and a pickled onion.
Shop owner: Anything else mate. How about a drink?
Joe: Nah, that's it.
Shop owner: Open or wrapped?
Joe: Open. How much is that ?
Shop owner: £4.80.
Joe: (Hands over a fiver) There you go.
Shop owner: Thank you. (Takes 20 pence out of cash register) And here's your change.
Joe: Ta. Oh, have you got some more vinegar. This bottle's empty.
Shop owner: Sure, hang on a second.

Section C: Eating & Drinking

(ジョーがフィッシュ&チップスの店に入る)

店主：らっしゃい、お客さん。
ジョー：いよっ！
店主：何にするかね？
ジョー：タラとチップス。
店主：でかいの、小さいの？
ジョー：でかいの。それとピクルド・オニオンだ。
店主：ほかには。飲み物はどう？
ジョー：いいや。それだけでいい。
店主：口は開けとくのかい？　閉めとくかい？
ジョー：開けといてくれ。いくら？
店主：4ポンド80。
ジョー：（5ポンド紙幣を渡す）じゃあ、これで。
店主：どうも。（レジから20ペンス取り）はい、お釣りだよ。
ジョー：ああ。ビネガーはもうないのかい。このビンはからっぽだ。
店主：へぇい、しばらくお待ちを。

セクションC：飲み、食べる

■話してみると 2

(Kay orders a pizza by phone)

Pizza parlour worker: Speedy pizza. Can I take your order please.

Kay: Hi, Can I have a spicey special.

Pizza parlour worker: What size would you like?

Kay: It's for two very hungry people. I guess large would be best.

Pizza parlour worker: OK. Any drinks or side orders?

Kay: Yeah, Two cokes as well, please.

Pizza parlour worker: Is that everything?

Kay: Yes, thanks.

Pizza parlour worker: And where would you like it delivered?

Kay: 17, Park Road.

Pizza parlour worker: And your phone number.

Kay: 6834-0468. How long will it take?

Pizza parlour worker: It should be there in half-an-hour.

Kay: Great.

Pizza parlour worker: Let me just confirm your order. One large spicey special and two cokes. That comes to £9.60.

Kay: OK. Thanks.

Section C: Eating & Drinking

（ケイは電話でピザを注文する）

店員：スピーディー・ピザです。ご注文をどうぞ。

ケイ：スパイシィ・スペシャルをいただける？

店員：どのサイズにいたしましょうか？

ケイ：おなかの空いたのが2人だから、ラージがいいかしら。

店員：わかりました。そのほかに飲み物などのご注文は？

ケイ：ええ、コークを2つお願い。

店員：それでよろしいでしょうか？

ケイ：ええ、いいわ。

店員：お届けはどちらへ？

ケイ：パーク・ロードの17番地へ。

店員：お電話番号をいただけますか？

ケイ：6834-0468。どのくらいかかるかしら？

店員：30分以内にお届けいたします。

ケイ：けっこうだわ。

店員：ご注文を確認させてください。スパイシィ・スペシャルのラージをおひとつとコークを2つですね。全部で9ポンド60になります。

ケイ：オーケー。よろしくね。

Section D:
From A to B

ロンドンの最新情報
http://www.honmanoLondon.com

セクションD：移動する

14 公共の交通手段：Public Transport

"美しい赤い2階だてバスに乗るのを楽しみにしてるんだ！"

あまり期待しないでほしいな。というより、最悪のことへの心の準備をしておいてください。旧国鉄は民営化したけれど、サービスが悪く、よく遅れる。遅れるのがあたりまえと思ったほうがいい。待ちつづける客のために、なぜ遅れるのかを放送するが、これもなかなかのものだ。ある秋にぼくはこんな言い訳を聞いた。「線路の上に葉っぱが落ちすぎましたので…」。ある冬には「雪の種類がいつもと違うので…」。こんなことがあまりに多いので、ぼくは個人的には、日本人が経営してくれればいいのにと思っている。

"ロンドンの地下鉄は世界で一番古いとか？"

あなたがロンドンを愛しているとしても、古くて信頼できず、そして料金も高い公共交通機関にはおそらく嫌気がさすだろう。

最悪なのは臭くて暗くて狭苦しく、そして汚い地下鉄だ。ヴィクトリア時代に建設された世界で一番古い地下鉄なのだから、歴史的な意味では素晴らしいものだ。しかし残念なことに、ほかのすべてが近代化されているのに、地下鉄に関する部分だけが時の流れの中に立ち止まってしまったように思える。地下鉄に入ってみると、100年前のロンドンに立ち戻ったようだ。トンネルやホームは信じられないくらい狭い。狭さと丸いトンネルの形からチューブ (The tube) というニ

ックネームがつけられたのだ。背丈が170センチ以上の人は、おそらく首を縮めてドアをくぐらなくてはならない。(ヴィクトリア時代の人は現代人よりも背が低かったので、問題はなかっただろうが)

トンネルの中には、線路に捨てられた残飯を食べるネズミがはびこっている。(ロンドンの人は車内でよく飲み食いをするから、床はチップスの袋やコークの空きカンで埋まる)駅によっては電車とホームの間がものすごく空いていて、そこを渡るには走り幅跳びのオリンピック選手くらいの能力が必要だ。地下鉄のいちばん有名なアナウンスが、「足元の隙間にご注意ください」(Mind the Gap) であるのはそういうわけなのだ。

"運賃はどうなのかしら？"

地下鉄運賃は世界でも高いほうに入る。ロンドンは6つのゾーンに分けられていて、いくつのゾーンを通過するかによって運賃が異なり、最低料金は1.20ポンドだ。10枚つづりの回数券 (carnet) になっているウィークリーパス (weekly pass) か、もっとも利用価値が大きい終日有効のトラベルカード (one-day travelcard) を買うのがお得だ。これは平日は午前9時半から使え、土日は一日中使える。定期的な車内検札があるから切符の買い間違えには注意しよう。乗り越していると10ポンド払わされる

ロンドントランスポート(地下鉄とバスを運営している営団)の路線は特にキビシイ。切符は必ず目的地まで。日本と同じつもりで下車駅で乗り越し精算をしようとしてもできな

セクションD：移動する

い。即罰金10ポンド。ブレア首相の奥さんはエリート弁護士だけど、弁舌空しく乗り越しで10ポンドをとりたてられた。

"うんざりする話はもうそれくらいでしょうね？"

いやいや、まだある。落書だらけの地下鉄は遅くて、滅多に時間通りには来ない。あなたの乗る地下鉄が100回も遅れたら、きっちり定刻通りに電車がやって来る日本に帰りたくなるだろう。

よくある遅れの理由は「信号機の故障」(Signal failure)(時代遅れの通信システムのダウン)、飛び込み自殺の「人身事故」(Passenger Action)。ＩＲＡ (Irish Republican Army) の停戦前までは「爆弾騒ぎ」(Bomb Scare) というのがあった。

しかし、本当の問題はずさんな管理体制にある。2、3年前、ノーザン・ライン Northern Line (サービスが悪いので"みじめ路線" Misery Line というあだ名がある) の通勤客たちが、予定外の地下鉄の車庫入りに怒り、運転席に押し掛けて電車をそのまま走らせたことがあった。

"みんなよくがまんしているのね！"

こうした問題があるにもかかわらず、地下鉄はロンドンをめぐるのに速くて簡単な方法で、楽しいものでもある。

ホームや車内には大道芸人たちがよく出る。もし彼らに笑えなければ、電車の車掌が笑わせてくれる。アナウンスの内容が決まっている日本とは違い、ロンドンの地下鉄の車掌は自由に放送をするから、その内容がとてもイライラさせるも

のだったり、逆におもしろいものだったりする。

　例えばこんな具合だ。「皆さん、お早ようございます。今日は月曜日。仕事に行きたくないのはわかりますが、そんなことは考えずに、この電車が休暇で出かける飛行機だと想像してみましょう」とか、「皆さんは夢魔の電車 (nightmare train) に乗って光速で都心へと飛ぶところです。シートにつかまってください。さあ、行きますよ」。ロンドンの地下鉄で眠っている人がいないのは、おそらくこんな変わったことがあるからだろう。

"バス旅行はどうなのかな？"

　バス旅行もそういいものじゃない。ツーリストにとっては、赤いダブルデッカー・バスはいい写真にもなるし、動いている時に飛び乗ったり飛び降りたりするのも楽しい。しかし都心部の渋滞や汚染はひどいものだ。

　都心に住んだことのある人ならだれもが言うが、時刻表はまったく当てにならない。30分待っていて、同じ路線のバスが3台続いて到着したからといって驚くには当たらない。

"ロンドンの公共交通機関て100％だめなのか…"

　いやいや、ひとつだけよいことがある。それはナイトバスだ。深夜バスがあることで、夜遊びする人は大いに助かっている。午前0時から6時まで、1時間に1本走っている深夜バスで、ロンドン市内をめぐることもできるし、郊外へも行ける。

　ただし、トラベルカードはこのバスには使えないから、家

セクションD：移動する

に帰る分の料金を払うお金は別にとっておくことを忘れてはいけない。

🖳リンク
　http://www.ukonline.co.uk　列車・飛行機・バスの時刻表
　http://www.pti.org.uk/　公共交通機関の情報

> 💡ちょっとひと言/Tip
> 　安い観光バス代わりに、ピムリコ Pimlico から出る24系統(NO.24)のバスの2階に乗ることをすすめる。ヴィクトリア駅、ウエストミンスター寺院、国会議事堂、ダウニング街の首相官邸、トラファルガー広場、チャリング・クロス・ロードの劇場街、カムデン・マーケットなどを回って、素敵なパブやレストラン、そして緑陰の絶景が待っているハムステッド・ヒースまで行ける。

■教科書で学べない発音のレッスン

I'd like a one-day travelpass for all zones.
ア　ライカ　ワンダイ　トラブルパース　フォ　ローザンズ

Section D: From A to B

> **Where should I change?**
> ウェ シュダ チェンジ？

> **Why is the train delayed?**
> ワーイズ ダ トレイン デライド？

> **How long until the service starts again?**
> ハウロング アンティル ザ サービス スターツァゲン？

●●●●●●●●●●●●●●●●●●●●●●●●●●●●●●●●●●●●
■ボキャブラリー/The lingo

Take the Tube―地下鉄に乗る。
Your best bet is to....―(=You should ...) ・・・・したほうがいい。
Playing up―（機械などの）調子が悪い。（子供などの）行儀が悪い。
Gone mad―（頭などが）おかしくなる。
Hold up―遅れ（る）。
Poor sod―かわいそうなやつ。sod にはスラングでホモの意味もある。
Any time now―もうそろそろ。
●●●●●●●●●●●●●●●●●●●●●●●●●●●●●●●●●●●●

セクションD：移動する

■話してみると 1

(Kay is at the Pimlico station ticket office)

Kay: Good morning, I'd like a one day travelcard for all zones.
Ticket clerk: That'll be £4.70.
Kay: Thanks.
Ticket clerk: Here's your change.
Kay: Ta. Where should I change to get to Camden?
Ticket clerk: That's on the Northern Line. Your best bet is to change at Euston and it is on the neighbouring platform.
Kay: Great. And about how long will it take?
Ticket clerk: It should be less than 20 minutes, but the signals are playing up today so you never know.
Kay: Oh.
Ticket clerk: If you don't want to take the tube, you can always use this pass on the 24 bus, which goes from here to Camden.
Kay: Thanks for the advice.
Ticket clerk: My pleasure.

Section D: From A to B

(ケイはピムリコ駅の切符売場にいる)

ケイ：こんにちは。ワンデイトラベルカードがほしいんですが。
駅員：4ポンド70になります。
ケイ：ありがとう。
駅員：お釣りをどうぞ。
ケイ：カムデンに行くにはどこで乗り換えればいいのかしら？
駅員：ノーザン・ラインですから、ユーストン駅で隣のホームに乗り換えるのがいちばん良いと思います。
ケイ：わかりました。どのくらいかかりますか？
駅員：ほんとなら20分弱ですが、今日は信号機が故障してますので、ちょっとわかりかねますね。
ケイ：ええっ。
駅員：地下鉄を使わないのでしたら、このパスでここからカムデンまで行っている24系統のバスにも乗れますよ。
ケイ：それはどうもありがとう。
駅員：どういたしまして。

セクションD：移動する

■話してみると 2

(Joe is on the platform of Tottenham Court Road tube station)

Joe: Has there been an announcement about the next train? The information board seems to have gone mad.

Commuter: Yeah, they said about 15 minutes ago that there's been a hold-up.

Joe: What's the reason for the delay?

Commuter: Passenger action.

Joe: Oh, poor sod. Did they say how long it will be until the service starts again?

Commuter: Any time now, hopefully.

(Announcement): We regret to announce a further delay because of a signal failure. Passengers are advised to use alternative transport.

Joe: Bastards! They must be joking.

Commuter: (Ironically) Good old London Underground.

(ジョーは地下鉄トテナム・コート・ロード駅のホームにいる)

ジョー：次の電車の案内はありました？ 情報表示板がおかしくなってるみたい。

通勤客：ええ、15分ほど前に、電車が遅れていると言ってましたよ。

ジョー：何で遅れてるんですかね。

通勤客：飛び込みの人身事故ですよ。

ジョー：おお、かわいそうなやつ。運転再開までどれくらいかかるか言ってました？

通勤客：そろそろ、だといいんですけどね。

(アナウンス)：申し訳ございませんが、信号機の故障のため電車はさらに遅れる模様ですので、お急ぎのお客さまは別の交通機関をご利用ください。

ジョー：なんてこった！ ふざけてんじゃないよ。

通勤客：（皮肉っぽく）古き良きロンドンの地下鉄だからね。

セクションD：移動する

15 クルマ：Wheels

"ロンドンのタクシーに乗ってみたかったんだ！"

　急いで行きたいところがあるのに行き方がわからないなら、タクシーに乗るべきだ。安くはない。しかしロンドンの運転手は世界一よく訓練されていて、車を止めて地図を確認しなくても行き先の住所を見つけることができる。運転手の資格を取るには"知識 the knowledge"（つまり、25,000もある通りの名前、数千あるクラブ、パブ、ホテル、役所などを記憶していること）を身につけていることが要求されるのだ。

　タクシーに乗るには、タクシー乗り場に並ぶ、電話で予約する、"空車 for hire"の黄色いライトを点灯しているタクシーに通りで手を挙げて止める、という方法がある。ドアは自動ではなく手動で、シートには白いレースのカバーもない。しかし中は広々としていて、Nissanの2.7リットル・エンジンの調子は素晴らしい。

　運転手は10％のチップを期待していることを忘れないように。もしタクシーが気に入ったなら、タクシーでロンドン・ツアーというのはどうだろう。2時間で65ポンドくらい。5人まで乗れる。

　安くて便利なものに、車も普通の車、運転手も普通の人というミニ・キャブ (Mini cab)があるが、あまり評判は良くない。運転手はほとんど道を知らないし、車は古くて信頼できない。日本でいう白タクに相当するライセンスのない違法

な営業もある。99％はだいじょうぶといえるが、不安がないわけではない。しかし、終電がなくなって家路を急ぐ寒い冬の夜には、そんなことにかまっちゃいられない。

ミニ・キャブを呼ぶには配車事務所に電話するか、直接行く。比較的信頼できる会社のリストを185頁に挙げた。もし15分くらい遅れて来ても驚くには当たらない。走り出す前にどれくらいか、だいたいの料金を確認すること。

多くのミニ・キャブ運転手が路上で違法な客引きをやっている。これも便利ではあるが、気をつけなくてはいけない。女性には運転手が女性だけのレディ・キャブ Lady Cabs を呼ぶことをすすめたい。

"滞在が長くて自分の足がほしかったら？"

グループやカップルだったら車を借りたほうが経済的だ。**エイヴィス Avis**、**バジェット Budget** などの大手会社では、小型の車を1日35ポンドくらいから借りられる。**ホリデイ・オート Holiday Autos** では、1週間約130ポンドから、という貸し方もしている。地元の小さな会社では中古車をもっと安くレンタルしてくれるところもあるはずだ。イエロー・ページ (Yellow Pages) やトンプソンズ電話帳 (Thompson's telephone directory) などに目を通し、いくつか違う会社に電話して料金を比較してみるのがいいだろう。

もしロンドンに数か月あるいはそれ以上いるのなら、中古車を買うほうがいいかもしれない。1,000ポンドくらいで手ごろな小型車が買えるし、一年乗った後でも700ポンドくらいで売れる。中古車を探すのによい方法は、『ルート Loot』

セクションD：移動する

(日刊広告誌)、『オートトレーダー Autotrader』(週刊誌)、『モータリスト・ガイド Motorist's Guide』(月刊誌) などに載っている。後者の2誌にはモデルと年式による相場価格の案内も載っている。

　自分が買う車が有効な車検証 (valid MOT) を備えているか、税金はどうなっているかを確認しておかないと、すぐには運転できない場合がある。保険に入るのも忘れずに。これに少なくとも300ポンドはかかる。

"交通事情はどうなんだろう？"

　複雑な一方通行やイライラさせる回り道、そして膨大な交通量のせいで、ロンドン市内を運転するのは頭にくるかもしれない。しかし、事情は東京や大阪、名古屋とそんなに違わないし、少なくともイギリス人は日本と同じく左側を走っている。

　しかし駐車には気をつける必要がある。ちょっと車を離れると、違反切符（30ポンド）を切られたり、足かせ（40ポンド）をつけられたり、レッカー移動（150ポンド）されたりしかねない。

　道路表示がややこしい。一般的に赤いラインは駐車禁止。黄色いラインは平日の午前8時から午後6時まで駐車禁止だからさけたほうがいい。しかし例外がいろいろあるので、近くの標識を確認しておこう。駐車場やパーキング・メーターの料金は高いが、少なくとも安心して車をそこに置いておくことができる。

Section D: From A to B

"ヒッチハイクは「電波少年」で見たし、面白そうだからやってみたい！"

ぼくは自分で取材したから知っているけど、あれはほとんどやらせだった。気をつけてください。

若いときにイギリスと欧州をヒッチハイクで回ったぼくの経験からいうのだけれど、楽しいこともいっぱいあるけど、危ないこともいろいろあるのだ。怖いドライバーもいたし、麻薬を使いながら運転する人もいた。ゲイに誘惑されそうになったこともあったし、ぼくの友だちの女性はもっと悪い経験をした。

まずそれを了解してもらってのことだけれど、ヒッチハイクはヨーロッパでは日本よりもかなり一般的だし、試してみたい旅行のスタイルだ。ロンドン市内で乗せてくれる人は期待できないが、郊外の道路、高速道路のジャンクションやガソリン・スタンドでなら十分可能だ。

たとえば、M25のような高速道路とノースかサウスのサーキュラ（環状道路）の交差点などで待つのがよい。もし北イギリスに行くなら、ノースサーキュラとM1の交わるブレント・クロス Brent Cross がよいスタートポイントだ。

"どうすれば乗せてくれるの？"

大きなボール紙とマーカーがぜひ必要だ。はっきりと大きな字で目的地を書いて見せる。どのくらい待つかは交通量と、あなたの見かけ（必ず行き先を書いたサインを持っていること）、そして天候による。残念ながら、雨だからといってだれかがあなたに同情してくれると期待しないほうがよい。み

セクションD：移動する

んな車のシートが濡れる心配をするだけだ。

　ぼくは、ドーバーに行ったとき、雨の中で4時間待った。誰も止まってくれないのでどんどん落ち込んでいく。最初は「ロンドン」と書いていたのだけど、「北へ」に書きかえた。それでもダメ。ついに「ここ以外ならどこでもいい」と書いてずぶぬれになって立っていたら、やっと1台の車がぼくの前に止まったのだった。

　そんなふうに、ヒッチハイクは大変だけどとても楽しい。変わった人や魅力的な人にも出会える。しかし、繰り返すが、これは旅をするにはちょっと危険な方法だということも忘れないように。特に女性にとってはそうだ。もしあなたに冒険心があるなら、ぜひやってみてください。

🖳 リンク

　http://www.uktravel.com　ドライブ情報
　http://www.theaa.co.uk/theaa/　オートモビール・アソシエーション

💡 ちょっとひと言/Tip

　ロンドンの中心部に住むなら、自転車を買ってはどうだろう。ガラットレーン Garratt Lane の警察署のオークションで安く手に入れることができる。(020-8870-3909 63 Garratt Lane SW18, Wandsworth Town Station)

Section D: From A to B

■車に関する電話番号

●24時間予約タクシー会社 24-hour black cab booking companies
ラジオ・タクシー Radio taxis (020-7272-0272)
ダイヤル・ア・キャブ Dial a Cab (020-7253-5000)

●ミニ・キャブ会社 Minicab firms
アジソン・リー Addison Lee (020-7387-8888)
レディ・キャブ Lady Cabs (Women drivers only) (020-7254-3501)

●レンタカー Car hire
エイヴィス・セントラル・リザベーションズ Avis central reservations (0990-900500)
バジェット Budget (0800-181181)
ホリデイ・オート Holiday Autos (0990-300400)

セクションD：移動する

■教科書で学べない発音のレッスン

> Let's grab a cab.
> レズ　グラバ　カブ

> Can I have a car?
> ケナイ　アバ　カー？

■ボキャブラリー/The lingo

Don't fancy—（何かを）好かない。（何かを）したくない。
Let's grab a cab.—ミニ・キャブ（タクシー）をつかまえよう。
I'm knackered—メロメロに疲れた（下品な言い方）。
You're on—（何かを）始めよう。賛成だ。
Where to guv?—お客さま、どちらまで？
　guv は governor の略で、顧客に対して使われる呼び掛け。

Section D: From A to B

> **Do you know the number of a decent firm?**
> ジュー ノウダ ナンバ オーバ ディスン ファーム？

> **Keep you hair on.**
> キーピャレーロン

- - -

Give or take a couple of quid ― （ある金額に）プラス・マイナス２ポンド。
Nicked ―盗まれた。
Motor―自動車。
Keep your hair on―落ち着きなさい。

セクションD：移動する

■話してみると 1

(Kay and a friend leave a nightclub at 3 am)

Kay: I don't fancy waiting for a night bus. Let's grab a cab.

Friend: Good idea. I'm knackered. (They go to a phone box)

Kay: Do you know the number of a decent firm?

Friend: Yeah, I'll dial, you order the car.

Kay: You're on. (Picks up handset)

Cab company: Hello, Victoria Cars.

Kay: Can I have a car? We're outside the Fridge in Brixton.

Cab company: And where to love?

Kay: Hackney. How long before the car gets here?

Cab company: Shouldn't take more than 20 minutes. What's the name?

Kay: Kimura. How much will it cost.

Cab company: £15 give or take a couple of quid.

Kay: OK. Thanks.

Section D: From A to B

(ケイとその友だちは午前3時にクラブを出た)

ケイ：深夜バスを待つなんていやだわ。ミニ・キャブをつかまえましょうよ。
友人：そうしましょ。私はもうメロメロ。(2人は電話ボックスに入る)
ケイ：適当な会社の番号を知ってる？
友人：ええ、ダイヤルするから、あなた頼んで。
ケイ：いいわよ。(受話器を取り上げる)
タクシー会社：はい、ヴィクトリア・カーズです。
ケイ：ブリクストンのフリッジの前ですけど、1台お願いできますか？
タクシー会社：どちらまで？
ケイ：ハックニーまで。どのくらい待つかしら？
タクシー会社：20分はかからないと思います。お名前は？
友人：キムラ。料金はどれくらいになりますか？
タクシー会社：15ポンドに、プラス・マイナス2ポンドくらいですね。
ケイ：わかった。ありがとう。

セクションD：移動する

■話してみると 2

(Joe's car is missing)

Joe: Shit! Somebody's nicked my motor.
Parking warden: Are you the owner of the blue Robin Reliant, sir?
Joe: Yeah, why?
Parking warden: It was parked on a no-stopping zone.
Joe: But I was only gone for a second.
Parking warden: Long enough for it to be towed away, I'm afraid.
Joe: You must be joking! Nightmare! How do I reclaim it?
Parking warden: Keep your hair on. At least it hasn't been stolen. All you have to do is go to the pound, pay the fine and it's yours again.
Joe: How far is it from here?
Parking warden: About 20 minutes walk.
Joe: Shit! I'm going to be late for my appointment. Taxi!

Section D: From A to B

（ジョーの車が消えてしまった）

ジョー：しまった！ 車を盗まれちまった。
駐車係：青いロビン・レリアントの持ち主はお客さまですか？
ジョー：ああ、そうだけど。どうして？
駐車係：駐車禁止ゾーンに車を止めてましたね。
ジョー：でも、ほんのちょっとの間だよ。
駐車係：残念ながら、牽引していくには十分な時間だったようで。
ジョー：冗談だろ！ 悪夢だ！ どうしたら取り戻せるんだい。
駐車係：まあ落ち着いて。少なくとも盗まれたわけじゃありませんから。車の保管所に行って罰金を払えば車はすぐ戻りますよ。
ジョー：保管所はここからどのくらいのところだい？
駐車係：歩いて約20分ですね。
ジョー：クソッ、約束に遅れちゃうよ。タクシー！

セクションD：移動する

16 飛行機：Flying

"ロンドンまで12時間のフライトの後でまた飛行機なんて…"

その気持ちはわかるけど、ロンドンにいるのだから、ヨーロッパ各地への安い航空券を活用しなくてはソンだ。

例えば、パリへの往復はわずか70ポンドだから、パリに飛んでおしゃれな通りのブラッスリーでカフェ・オ・レを飲める。ヨーロッパのセックスとドラッグの都・アムステルダムへは週末に60ポンドで飛べる。150ポンド出せば地中海の青く澄んだ海の待つアテネへ飛べる。さらに170ポンドならファッションとサッカーの都・ローマだ。もしオフ・ピークのシーズン中なら、最終フライトを待てばもっと安いチケットを見つけることができるだろう。ロンドンは、ヨーロッパで一番航空券を安く買えるところなのだ。

"安いチケットはどうやって探すの？"

チケットを探すのに家を出る必要はまったくない。テレテクスト (Teletext) のトラベルページ（自宅のテレビの ITV チャンネルで、無料で見られる文字通信サービス）でチェックすればいい。世界中の格安航空料金のページが何百とある。電話して空きをチェックし、クレジットカードで予約すれば、翌日あなたはもう目的地に向かう空の上だ。

ただ、テレテクストでチケットを買うのはある程度ギャンブルだ。ギリシャのコルフ島に行ったとき、めちゃくちゃ安

いチケットを見つけてとびついたら、はずれてしまった。ホテルが汚くて、くさくて、やたら蚊が多いのにまいってしまった。ぼくは別のいいホテルを探して移ったけれど、それでも結局安くあがった。

　旅行代理店が ATOL (Air Travel Organisers License) の保証を受けているかどうかを確認することはとても大事だ。ATOL はもし代理店がつぶれたとき（これは実際よくあるのだ！）に、返金を保証している。

　さらに、フライトの出発がどこからなのかも確認する必要がある。大きなディスカウントをしたフライトの出発地は、しばしばバーミンガム Birmingham、リバプール Liverpool、マンチェスター Manchester といった地方の空港だったりする。それではロンドンにいる人の役には立たない。

　安く旅行するいちばん簡単な方法は、**キャンパス・トラベル Campus Travel** や **ＳＴＡトラベル STA Travel** のような学生向けの代理店を通して予約することだ。こうしたところはディスカウント・プライスで提供している。

　日曜日の新聞でもバーゲン料金を見つけることができる。『ジ・イブニング・スタンダード The Evening Standard』、『タイム・アウト Time Out』、大きな駅などで手に入るフリーペーパーの 『TNT』 などにも載っている。**イージージェット EasyJet** も、イギリス国内とヨーロッパ向けのとても良い商品を提供しているが、出発がルートン空港というのがちょっと不便なところだ。

セクションD：移動する

"空港でもたもたしないコツは？"

　イギリスへの第一歩は、たいてい英国航空 British Airways の本拠地で、日本航空、ANA、ヴァージン、そのほか日本からの飛行機のほとんどが乗り入れているヒースロー空港 Heathrow Airport から始まる。この世界一大きくて忙しい国際空港は無秩序に見えるかもしれない。しかも飛行機と主要ターミナル施設の間は延々と歩くしかない。

　入国管理官には意地悪な人もいる。ツーリストなら問題はないが、学生その他の長期滞在者はいやな思いをさせられる。スムーズに通過するには、身なりをきちんとし（権威主義者の入国管理官はこれに好意を持つ）、滞在先の住所と電話番号を持っていること。勉強する予定の学校、あるいは働く予定の会社からの手紙（英語の）を持っているのも役に立つ。

　日本に帰るときはちょっと楽しい。出発ラウンジにある免税店は、成田空港よりもかなりいい。ハロッズ Harrods やブランドグッズを置いてある店をのぞいて歩けば出発待ちの時間は簡単につぶせる。値段は期待するほど安くはないが、最後のおみやげショッピングなのだからそれも仕方ないだろう。

💻リンク
　http://www.ukonline.co.uk　列車・飛行機・バスの時刻表
　http://www.bargainholidays.com　安い最終フライトと休日情報
　http://www.lastminute.com　安い最終フライト情報

■安いチケットを探す

STAトラベル
　　(ヨーロッパ圏 Europe flights　020-7361-6161)
　　(世界各国 Worldwide　020-7361-6262)

キャンパス・トラベル
　　(ヨーロッパ圏 Europe flights　020-7730-8111)
　　(世界各国 Worldwide　020-7361-6262)

トレイルファインダーズ
　　(ヨーロッパとアメリカ Europe and America
　　020-7937-5400)
　　(アジアとアフリカ Asia and Africa
　　020-7938-3366)

イージージェット
　　(イギリスとヨーロッパ圏 Britain and Europe only
　　0990-292929)

ちょっとひと言/Tip
　愛煙家は日本を発つ前にタバコをたくさん仕入れておいたほうがいい。イギリスのタバコは日本の倍以上はする。ヒースロー空港の免税店で買っても、東京の自動販売機で買うより高い。

セクションD:移動する

■各空港への行き方

●ヒースロー空港 (020-8759-4321)

ヒースロー・エクスプレス・レイル
  パディントン駅から17分(10ポンド)
地下鉄ピカデリー線
  ロンドンの中心から60分(3.3ポンド)
エアバス・ヒースロー・シャトル
  ヴィクトリア・コーチ・ステーションから60分(6ポンド)
タクシー
  ロンドンの中心から50分(30ポンド)

●ガトウィック空港 (01293-535353)

ガトウィック・エクスプレス・レイル
  ヴィクトリア駅から35分(9.5ポンド)
コネックス・サウス・セントラル・レイル
  ヴィクトリア駅から40分(8.2ポンド)
フライトライン・777バス
  ヴィクトリア・コーチ・ステーションから90分(7.5ポンド)
タクシー
  ロンドンの中心から60分(50ポンド以上)

●スタンステッド空港 (01279-680500)

スタンステッド・エクスプレス・レイル
  リバプール・ストリートから45分(10.4ポンド)
フライトライン・777バス
  ヴィクトリア・コーチ・ステーションから100分(9ポンド)
タクシー
  ロンドンの中心から60分(50ポンド以上)

●ルートン空港 (01582-405-100)

テムズリンク・レイル
  キングス・クロスからルートンまで40分。そこからシャトルバスで15分(全部で12ポンド)

Section D: From A to B

グリーン・ライン・コーチ
　ヴィクトリア・コーチ・ステーションから90分（7ポンド）
タクシー
　ロンドンの中心から70分（70ポンド）

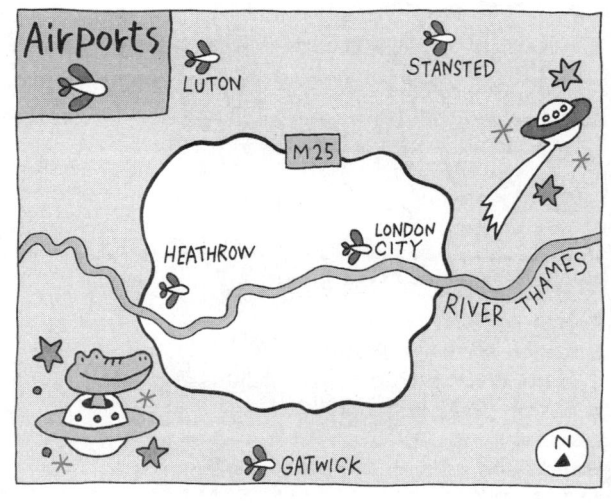

セクションD：移動する

■教科書で学べない発音のレッスン

I'm fed up with this weather.
アム　フェダップ　ウィデス　ウェバー

Where does it fly from?
ウェ　ダズィ　フラーイ　フロム？

■ボキャブラリー/The lingo

Fed up―飽きた。
Dodgy― 疑わしい。怪しい。
Too good to be true ―本当であるには話ができ過ぎている。
A catch―欠点。難点。故障。
Cold feet ―おじ気。
Heads and tails ― (コインの) 表と裏。

Section D: From A to B

What's the purpose of your visit?
ウォッツァ パーパス オブ ヨー ビジット？

Where will you be staying?
ウェア ウィウャ ビー ステイン？

- - -

Arrival/departure time―到着／出発時刻。
Immigration― 移住。移民。入国。(出) 入国管理カウンター。
Here you go ―はいここに。(Here you are と同じく、物を差し出す時の言い方)
My stuff―私の持ち物。stuff は thing の意味。

セクションD：移動する

■話してみると 1

(Kay and a friend are at home in February)

Kay: It's been raining all week. I'm really fed up with this weather.

Friend: Let's go on holiday somewhere. We can probably get a really cheap flight at this time of year.

Kay: Great idea. Let's check the Teletext.
(They flick through the travel pages)

Friend: Wow! Look at that! Morocco, £59 return.

Kay: I fancy that. What's the number?

Friend: 0800-111-111166. But the departure is tomorrow.

Kay: Where does it fly from?

Friend: It doesn't say. And I've never heard of this company. It sounds a bit dodgy to me.

Kay: Oh, don't get cold feet. It's covered by ATOL.

Friend: I know, but it's too good to be true. There must be a catch.

Kay: There's only one way to find out. Let's give them a call.

Friend: (Spins a coin). Head we do, tails we don't.

Section D: From A to B

（2月、ケイと友だちは家にいる）

ケイ：一週間も降りっぱなしね。まったくこの天気にはうんざりだわ。

友人：どっかに行きましょうよ。この時期ならすごく安い航空券が手に入るはずだから。

ケイ：それはいい考えね。テレテクストをチェックしてみましょ。（2人は旅のページをのぞく）

友人：ウァオ、見てよこれ。モロッコ、往復59ポンドだって。

ケイ：いいわね。番号は何番？

友人：0800-111-111166。でも、出発日は明日よ。

ケイ：どこから出るの？

友人：それがないのよ。それにこの会社の名前は聞いたことない。ちょっと怪しいわね。

ケイ：大丈夫よ。ATOL がバックについているのよ。

友人：それはわかるけど、うますぎる話だわ。きっと何か裏があるのよ。

ケイ：確かめるには電話してみるしかないわね。

友人：（コインをはじく）表なら電話する。裏なら電話しない。

セクションD：移動する

■話してみると 2

(Joe, who is not British, arrives at the immigration desk in Heathrow)

Official: Can I see your passport please.
Joe: Sure mate, here you go. (Hands over his passport)
Official: What is the purpose of your visit, sir?
Joe: I'm here to study at the St. Martin's School of Art.
Official: Do you have a letter from the school or any other proof of your course enrolment?
Joe: Yeah, but it's in my suitcase somewhere.
Official: I see. Do you intend to work while you are here?
Joe: Oh no, nothing like that. I'm just here for a year to study.
Official: Where will you be staying?
Joe: A friend's house in London.
Official: Do you have the address and a contact number?
Joe: Yeah, but it's with my other stuff.
Official: I'm afraid I'll have to see those documents before I can allow you into the country. Please wait over there until your luggage is recovered. Next please.

---------- Section D: *From A to B*

（イギリス人ではないジョーがヒースロー空港の入国管理デスクに到着）

係官：パスポートを拝見します。
ジョー：ええ、はいこれです。（パスポートを渡す）
係官：入国の目的は何ですか？
ジョー：セントマーチン芸術学校で勉強するためです。
係官：学校からの手紙、あるいはあなたの受講登録を証明するものをお持ちですか？
ジョー：ええ、でもスーツケースの中かどこかに。
係官：そうですか。滞在中に働くつもりはありますか。
ジョー：いえいえ、そんなことは。勉強のために1年いるだけですから。
係官：どちらに住まれるのですか。
ジョー：ロンドンの友人の家です。
係官：そこの住所と連絡番号をお持ちですか。
ジョー：ええ、でも別な荷物といっしょに。
係官：残念ですが、入国を許可するにはそうした書類を見なければなりません。お荷物が出てくるまであちらでお待ちください。次の方、どうぞ。

セクションD：移動する

17 海を渡る：Crossing the water

"イギリスも日本も島国だから共通点がありますよね？"

　その答えは、イエスでもあり、ノーでもある。日本とアジアとの関係とイギリスと欧州の関係は同じではない。早い話、もし韓国と日本との間にトンネルができたらどんなに大騒ぎが起こるか、ちょっと想像してみるとその違いがわかるかもしれない。

　何百年にもわたって、イギリスは、混乱して面倒な関係になっていたほかのヨーロッパ諸国からの独立を力説していた。イングランドが幾度も戦争をしてきた隣国フランスとの間には特にそういう事情があった。

　両国はここ100年以上も同盟国だったにもかかわらず、それぞれの国民は互いに食べ物にまつわるけなし合いを続けている。イギリス人はフランス人がカエルの足を食べる（イギリス人にはグロテスクに思える）のでフロッグ (frogs) と呼び、フランス人はイギリス人がロースト・ビーフ（フランス人からするとそれはうんざりだ）を食べるのでロスビフ (Losbifs) と呼ぶ。

　しかしフロッグもロスビフも、1994年に完成したドーバー海峡トンネル (Channel Tunnel) のおかげで、地理学的には現在同じプレートの上にいる。初めてフランスと陸続きになったのだ。孤立を愛していた年配の国家主義者を戸惑わせたが、ロンドンっ子にとってこれはすばらしい出来事だった。3時間列車に乗るだけで、パリの景色や音楽を楽しめるよう

になったのだから。飛行機に比べると税関の煩わしさが少なく、飛行機が苦手な人も怖くないし、何より時間がかからない。

ユーロスター Eurostar の直行便を使って、ユーロ・ディズニー EuroDisney にいるミッキーとその仲間に会いに行ける。ベルギーのブリュッセル Brussels で小便小僧 Mannequin Pis も見られる。リール Lille のおいしいムール貝（mussles）も食べられる。サン・モリッツ St.Moritz でスキーもできる。

もっとも安く上がるのは週末の往復旅行で、90ポンドでパリまで往復できるが、これは少なくとも一週間前までに予約しなくてはならない。オフ・ピークシーズンの特別割引を新聞でチェックしてみよう。うまくするとわずか50ポンドくらいでパリ、ブリュッセルを往復できるかもしれない。

"得して楽しいルートは？"

ロンドンっ子がヨーロッパを訪れる主な目的は3つある。ビジネス、観光、そして酒の仕入れだ。税金システムの違いでフランスは酒が安い。数十万の人たちが、毎年、フェリーやホバークラフト（安くて速いが、ガタつく）で、イギリスにいちばん近いフランスの港町カレー Calais に日帰りで酒の仕入れに出かける。

彼らは乗用車やバンに何ダースものワインとビールを積込み、おいしいフランス料理でお昼を楽しんでから"合法的な密輸者"として帰国する。これをやるなら、フェリー料金が半額以下になる季節を待ったほうがいい。乗用車かバンを借

セクションD：移動する

り、友だちを何人か連れて行こう。もっともヘビードリンカーなら、酒のために必要なスペースに友だちは乗せられない！

　ヨーロッパ本土へはバスがもっとも安く行けるし、ロンドンから主だった都市への直行ルートがある。しかし、長旅の用意は必要だ。比較的近いアムステルダム Amsterdam（往復30ポンドから）へでさえ、フェリーの便が悪くて12時間かかる。東ヨーロッパや、スペイン、イタリア（往復100ポンドから）などの国へは1日以上かかる。

　時速300キロのスピードで日本の新幹線と張り合っているテー・ジェー・ヴェー TGV があるフランスでは特にそうだが、列車の連絡はとてもよくて速い。しかし料金は非常に高い。ユーロスターを使わない場合、スピードなら列車、料金なら長距離バスにするのがいいだろう。

"穴場はどこ？"

　たいていの日本人ツーリストは、ロンドンからヨーロッパ本土を目指すが、どうしてもう少し違ったところへ行かないのだろう。アイルランドは、その紛争の歴史と地理的位置のせいで、普通の観光案内書にはあまり出てこない。

　しかしここには少し誤解がある。トラブルはイギリスの国有地である北アイルランドだけのことで、その南の4分の3ほどを占めるアイルランド共和国には何も問題は起きてこなかった。ぼくが紹介しようとしている場所は、こちらのアイルランドにある。

　北アイルランドにも、暫定的な平和が確立されたいまは、

息ぬきをするには最高の場所になっている。

アイルランドのミュージック・シーン（フォークからU2まで）は世界的に知られ、ダブリン Dublin には最高のパブ、レストラン、博物館などがある。そして何より素晴らしいのは、入り組んだ海岸線、新緑の丘、神秘的な霧に包まれた泥炭湿原 (peat bogs) など、ヨーロッパでもっとも美しいところのひとつと言ってもいい田舎の風景があることだ。

釣りやゴルフ、音楽、そしてお酒を楽しむ人にとって、アイルランドはパラダイスだ。ロンドンからダブリンまでのバスの料金は、往復30ポンドから。片道約8時間かかる。もし田園地帯を訪ねたいのなら、ロンドンで、あるいはダブリンに着いてからでもいいが、とにかく車か自転車を借りることをおすすめする。簡易レインコートもわすれずに。

🖳リンク

http://www.topsy.demon.co.uk/dover/ferries.html
ドーバー・フェリー情報
http://www.eurostar.com　ユーロスター情報
http://www.nationalexpress.co.uk/
ナショナル・エクスプレス・コーチ・サービス

セクションD：移動する

■海峡を渡るルート

ロンドン～パリ往復（時間）
　ユーロスター予約オフィス（087-051-86186）
　　　75～200ポンド（3時間）
　ユーロトンネル（0990-353353）
　　　150ポンド（6時間から）
　トレイン&フェリー（0990-300003）
　　　60ポンド（9時間から）
　ナショナル・エクスプレス（0990-143219）
　　　50ポンド（10時間から）
　ホバースピード（0990-240241）
　　　40ポンド（6時間から）

■教科書で学べない発音のレッスン

What is the cheapest way to get to Paris?
ウォスダ チーペス ワイタ ゲッタ パリス?

Sorry, I didn't catch that. Could you say it again?
ソリー アイディデン キャッチ ダ。クッジャ サイエ アゲン?

I'm up for that.
アム アップ ファダ

It gives me the creeps.
イ ギズミ ダ クリープス

セクションD：移動する

■話してみると 1

(Kay visits a travel agency)

Kay: Hi, I'd like to go to Paris for the weekend. Can you tell me the cheapest way to get there please?

Agent: Well, travelling by coach is always the cheapest. But you'll spend most of the weekend on the road.

Kay: Oh, that'd be pointless. This trip is supposed to be a relaxing break.

Agent: In that case, can I suggest the Eurostar. It takes you directly to Paris in just 3 hours and there's none of the hassle of flying.

Kay: That sounds more like my cup of tea.

Agent: If you book a week in advance, a return ticket leaving Saturday and returning Sunday costs £150.

Kay: Sorry I wasn't listening properly. I didn't catch the price. Could you say it again please?

Agent: £150, but you might get a better deal if you wait for a promotion.

Section D: From A to B

（ケイが旅行代理店を訪ねる）

ケイ：週末にパリに行きたいんだけど、いちばん安く行ける方法を教えてもらえませんか。

担当者：そうですね。いちばん安いのはバスですが、それだと週末のほとんどは道路の上を走っていることになりますね。

ケイ：それじゃ意味ないわね。ゆっくりくつろげる旅にしたいのよ。

担当者：それでしたらユーロスターはいかがですか。3時間でパリまで直行ですし、飛行機のような面倒もありません。

ケイ：そのほうが私にはよさそうね。

担当者：一週間前に予約されますと、土曜日に発って日曜日に帰る往復チケットが150ポンドになります。

ケイ：ごめんなさい。よく聞いてなくて、代金がいくらか聞き逃したわ。もう一度お願いできる？

担当者：150ポンドです。販促期間まで待てばもっと安くなるかもしれません。

■ボキャブラリー/The lingo

Break ―休息。休憩。(lunch break, weekend break などのように使う)

セクションD：移動する

■話してみると 2

(Joe plans a booze cruise)

Friend: We're running a bit short of beer Joe.
Joe: Yeah, it's time we paid a visit to Calais.
Friend: I'm up for that. What's the best way to get there?
Joe: We'll need to hire a car or even better a van.
Friend: Right. I've got a mate who can do us a good deal.
Joe: And then, we nip down to Dover, hop on the ferry and hit the hypermarkets when we get there. Easy as pie.
Friend: Isn't it quicker to go by Eurotunnel?
Joe: Yeah, but being in tunnel under all that water would give me the creeps.
Friend: You whimp! It's as safe as houses.
Joe: Maybe, but I'd rather take it easy on the ferry.

• •
My cup of tea ー自分の好みに合う。
Sorry, I didn't catch that. ー 聞いていなかった。理解できなかった。
Run short of something ー不足する。
I'm up for that ーそれをしたい。(I'd like to do it という意味のスラング)
• •

Section D: From A to B

（ジョーは酒の仕入を計画している）

友人：ビールが足りなくなってきたよ、ジョー。
ジョー：ああ、カレーまで行かなくちゃならないころかな。
友人：そうしようぜ。どうやって行くのがいちばんいいかな。
ジョー：まず車、できればバンを借りなくちゃな。
友人：そうだ。おれの仲間に安く貸してくれるやつがいるよ。
ジョー：そしたら、ドーバーまでぶっ飛ばし、フェリーに飛び乗って、向こうに着いたらハイパーマーケットに行く。簡単だろ。
友人：ユーロトンネルを行ったほうが早かないか。
ジョー：ああ、でも海の下のトンネルって気持ち悪いからさ。
友人：意気地なしめ！ 家の中と同じくらい安全なんだぜ。
ジョー：かもな。でもフェリーでのんびりするほうがいいさ。

• •
Do us a good deal―まけてくれる。安くしてくれる。
Mate―仲間。友人。
Nip down/up/over―（下に、上に、上を）素早く動く。
　　　　　up/down は、坂などの上・下を 意味するだけでなく
　　　　　地理的な方向も意味する。up は北へ。down は南へ。
　　　　　over は平らな表面の動きを表す。
Hop on (in)―（バス・電車・車・フェリーなどに）乗り込む。
Hit―訪ねる（Visit）。
Easy as pie―とても簡単という意味に使う表現。
It gives me the creeps―気持ち悪い。
Whimp―弱虫。意気地なし。
Safe as houses―とても安全という意味に使う表現。
• •

Section E: Sleep, Study & Work

ロンドンの最新情報
http://www.honmanoLondon.com

セクションE：眠り、学び、働く

18 住むところ：Accommodation

"どこで寝たらいいだろう？"

残念ながらラブホテルとカプセルホテルはないけれど、ロンドンは住む場所の選択肢が多い。An English man's home is his castle. こんなことわざがあるくらいに、イギリス人は住居をとても大事にする国民だ。ヨーロッパの人が想像する天国は、フランスのレストランがあって、ドイツの会社があって、イギリスの家に住める場所…なんていったりもする。

"それは楽しみだな…"

そう、おおいに楽しみにしてもらっていいが、すべてがよいというわけじゃない。

ぼくが学生のときに、友だちとシェアして住んだところは、なんともめちゃくちゃな家だった。壁がシケッていてシミができている。そしてカビくさい。朝起きると、自分のパンツ、椅子、ベッドなどそこらにあるものすべてにナメクジの這いまわったあとがついていた。

別のとき、無人の空きアパートにもぐりこんでタダで住もうとした（スクウォットsquatという）ことがあった。ところが、ぼくが出たあとで、石綿の粉塵公害の原因となっているという理由で取り壊されたのだった。いまでも自分の健康が心配だったりして…。

Section E: Sleep, Study & Work

"そういう家は選択肢の中に入れないとして、どんなふうにしてアパートを探す？"

ロンドンで快適に暮らすには、クラブ遊びや仕事の後にゆっくり眠れる居心地のよい住まいを見つける必要がある。川船の中の作り付けのベッド。200年も前の古いホテルの一室。下町の今風なアパート。庭付き4LDKの郊外の一戸建。公営住宅の空き部屋—いろいろあるから、どんなところにするかはあなたの希望と予算次第だ。

一般的に言うと、家賃は高めで建物は古い。しかしよく気をつけて探せば、そう高くなくて評判もよい住まいを見つけることができるはずだ。日本のように大家さんが「外人はダメ」なんていういことはない。法律がそれを禁じているのだ。

英語に不安があったり、日本のレストランやスーパーマーケットのあるところにいたい（これは仕事が見つかる可能性にも関係する）のなら、フィンチリー Finchley、ウィンブルドン Wimbledon、イーリング Ealing といったところの日本人コミュニティの近くで探すのもひとつの方法だ。

その地域の物件を扱う日本の不動産屋もあるから住まいも見つけやすいが、もちろんマイナス面もある。こういう地域は家賃がやや高めだし、そこで地域の文化にとけ込むことにあまり関心のない日本企業の駐在員たちと付き合うだけでは、英語の上達は望めない。

フラットを借りたり、ホームステイさせてもらって一人でやってみるのもひとつの方法だ。家賃などは地域によってかなり違う。おおざっぱに言うと、ベッドシット (bedsit) と呼ばれるバスとキッチンが共同のシングル・ルームが週60ポ

セクションE：眠り、学び、働く

ンドから、ステュディオ・フラット (studio flat) と呼ばれる流しと台所用品が完備したシングル・ルームが週90ポンドから、1寝室のフラットが週120ポンドから、といったぐあいだ。

"家を丸ごと借りることは？"

もっともよい方法は、何人かの友だちと一緒に1軒の家を借りること。各自約120ポンドくらいの負担になるが、リビングやキッチンは広いし、諸経費の負担も分け合えるというメリットがある。

もし、ナイツブリッジ Knightsbridge、ハムステッド Hampstead、リッチモンド Richmond といった高級住宅地で優雅に暮らしたいなら、これより2割増しの金額を覚悟しなくてはならない。一方、ハックニー Hackney、ケンティッシュタウン Kentish Town、ブリクストン Brixton といったところには格安のアパートがあって若者文化があふれているが、犯罪発生率のわりと高い地域なので注意が必要だ。

"どこで探したらいいの？"

住まいを見つけるもっとも手っ取り早い方法は代理店を通すことだが、通常は手数料を払わなくてはならない。例外として、ジェニー・ジョーンズ Jenny Jones とデレク・コリンズ Derek Collins では、フラット貸しを手数料なしで紹介してくれる。

選択の幅を広げるために新聞や雑誌もチェックしよう。いちばん役立つのは日刊雑誌の『ルート Loot』、次に日刊新聞

の『ジ・イブニング・スタンダード The Evening Standard』と、火曜日に出る週刊誌の『タイム・アウト Time Out』だ。『ミッドウィーク Midweek』は地下鉄の駅で、毎週木曜日に配られている。

キャピタル・ラジオ Capital Radio は毎週、フラット・シェアリングのリストを出していて、それらはキャピタル・ラジオのオフィス (30 Leicester Square, W1) で火曜日に見ることができるほか、土曜日の『ザ・ガーディアン The Guardian』紙のGuide の欄で見ることができる。毎週木曜日発行の『英国ニュース・ダイジェスト The Eikoku News Digest』にも日本人同士でのフラット・シェアリング情報が載る。いずれにしても競争は激しいから、素早く行動することが大切だ。

"何をチェックして借りたらいい？"

フラットやホームステイ先を見せてもらう時は、家具調度と暖房がしっかりしているかチェックしよう。天井の高いジョージアン風、ヴィクトリアン風の家は夏場は素晴らしく思えるが、凍えるような冬場には莫大な暖房費用がかかることになる。

大家さんには、最寄りの地下鉄の駅と、ガス・電気・水道の平均的な料金も聞いておこう。どういうところでも、家賃１カ月分の保証金と、１カ月分の家賃は前払いしなくてはならないだろうが、日本のように礼金というものは必要ない。

フラット・シェアリングをするなら、掃除と料理の分担、電話料金の負担の仕方などをきちんと決めなくてはならな

セクションE：眠り、学び、働く

い。ホームステイの場合は、訪ねてきた友だちを泊まらせてもいいかどうか、大家さんに確認しておくことが大切だ。僕の知っている日本女性に、ある晩ボーイフレンドをこっそり連れて帰ったら、出て行ってくれと言われてしまった人がいた。

"ホテルはどうだろう？"

　日本からあなたを訪ねてくる友人や、家族のための宿泊施設を探すのなら、リストに挙げたユースホステル、ホテル、B＆B(bed and breakfast)などに当たってみよう。ロンドンには、ユースホステル協会 Youth Hostel Association が運営する9つの施設がある。

　いちばんいいのは、**シティ・オブ・ロンドン YHA City of London YHA** だ。清潔だが時にはうるさいかもしれない男女別々の部屋で、一晩の料金は約20ポンドと会費。もう少しリラックスできる雰囲気がいいなら、協会に加盟していないホステルもたくさんあるからそこを当たってみよう。**カーゾン・ハウス・ホテル Curzon House Hotel** は、一晩わずか13ポンドだからおすすめだ。

　変わったところでは、テムズ河に浮かぶ川船、**ニューアーク・バックパッカーズ・フロテル New Ark Backpacker's Flotel** がある。ベッド数は40。ファッショナブルなスローン・スクエア地区 Sloane Square の近くにあって、一晩のベッド使用料はたったの12ポンド。ここには安く楽しめる24時間営業のバーと、バーベキューがある。

　もっと普通の安い宿泊施設を探すなら、B＆B やホテル

Section E: Sleep, Study & Work

だ。手数料はかかるが、トラベル・インフォメーション・センター Travel Information Centre、ブリティッシュ・ホテル・リザベーション・センター British Hotel Reservation Centre、トーマス・クック Thomas Cook などで予約できる。

もっと情報がほしいなら、旅行代理店や観光事務所に行くか、ロンドン観光局 London Tourist Board 発行の『ロンドンのどこに住むか Where to Stay in London』という本を読むと、とても参考になる。

リンク

http://www.beduk.co.uk/　B&B情報
http://www.loot.com　フラットと家具の情報
http://www.houseweb.co.uk　間借りと不動産の情報
http://www.yha.org.uk/　ユースホステルズ・アソシエーション（イングランドとウェールズ）

ちょっとひと言/Tip

もし本当にお金がなくて困った時は、5ポンド払って、学校の体育館の床にマットレスを敷いて寝ることもできる。キングス・クロス King's Cross にあるトンブリッジ・クラブ Tonbridge Club は外国人旅行者と学生専用だ。シャワー、テレビ、娯楽室もある。

セクションE：眠り、学び、働く

■相談できるところ

① トラベル・インフォメーション・センター
(020-7604-2890) Victoria

② ブリティッシュ・ホテル・リザベーション・センター
(020-7730-5296), inside Victoria station

③ トーマス・クック
(020-7723-0184) Paddington

④ ユースホステル・アソシエーション・セントラル・リザベーション
(020-7373-3400)

⑤ アト・ホーム・イン・ロンドン (020-8748-1943)

⑥ ジェニー・ジョーンズ・フラット・レンタル・エージェント
(020-7493-4381)

⑦ デレク・コリンズ・フラット・レンタル・エージェント
(020-7930-2773)

⑧ キャピタル・ラジオ・フラットシェア・リスト (020-7484-8000)

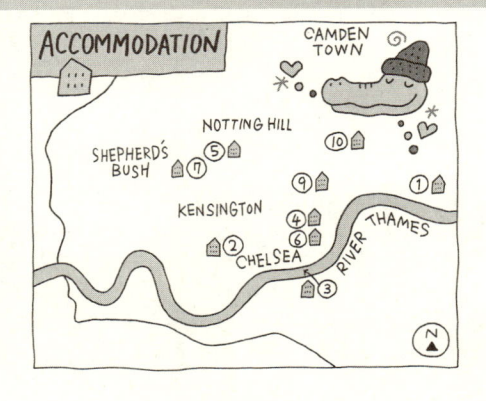

●ホステル(1泊20ポンドまで)

① シティ・オブ・ロンドン・ユースホステル (020-7373-3400)
   36 Carter Lane, EC4. St. Paul's tube

② カーゾン・ハウス・ホテル (020-7581-2116)
   58 Courtfield Gardens, SW5. Gloucester Road tube

③ ニューアーク・バックパッカーズ・フローテル
   (0700-0286-433) Adrenalin Village, Queenstown
   Road, SW8. Sloane Square tube

●安いB&B(1泊朝食付・約35ポンド)

④ ルナ・サイモン・ホテル (020-7834-5897)
   47 Belgrave Road, SW1. Victoria tube

⑤ ホランド・パーク・ホテル (020-7792-0216)
   6 Ladbroke Terrace, W11. Notting Hill Gate tube

⑥ ザ・ウッドヴィル (020-7730-1048)
   107 Ebury Street, SW1. Victoria tube

●手ごろなホテル(1泊80ポンドまで)

⑦ ゲイト・ホテル (020-7221-0707)
   6 Portobello Road, W11. Notting Hill Gate tube

⑧ サンドリンハム・ホテル (020-7435-1569)
   3 Holford Road, NW3. Hampstead tuben

⑨ ジェンキンズ・ホテル (020-7387-2067)
   45 Cartwright Gardens.WC1

●緊急の宿泊施設(1泊5ポンド)

⑩ トンブリッジ・クラブ (020-7837-4406)
   120 Cromer Street, WC1. King's Cross tube

セクションE：眠り、学び、働く

■教科書で学べない発音のレッスン

> I've come about the room.
> アブ　カムアバウ　ダルーム

■ボキャブラリー/The lingo

Landlord, Landladyー貸間、貸家の男の（女の）大家。
Lodgerー間借り人。
Bedsitー寝室・居間兼用の貸間。
Studio flat ー 一部屋でストーブだけがついている。
Dodgy area ー 評判のよくない地区。いかがわしい地域。
Rundown ー ボロボロの。
In good nick ー 良い状態という意味のスラング。
...Love ー 女性に対して使う呼び掛け。エラそうな調子があるので、多くの女性は嫌っている。
Bog ー トイレを意味するスラング。
Fully furnished ー 生活に必要な家具調度が完備した。
Nearest tubeー 最寄りの地下鉄駅。
West Endー ロンドン中心部の歓楽街。

Section E: **Sleep, Study & Work**

Is it alright if I take a look around?
イズィ オーライ イファ ティカ ルックアラウン？

What is the monthly rent?
ウォザ マンフリー レン？

Where is the nearest tube?
ウェイザ ニリス チューブ？

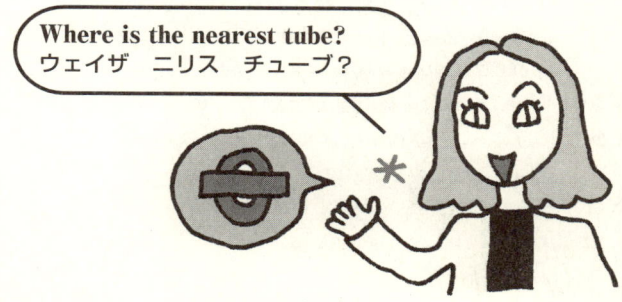

225

セクションE：眠り、学び、働く

■話してみると 1

(Kay rings a landlord)

Kay: Good morning, I'm ringing about the flat advertised in today's Loot.

Landlord: I'm afraid it's already gone, love.

Kay: Oh, that was quick.

Landlord: Yeah, you can't hang around. But I'll have another available next month.

Kay: Where about?

Landlord: Hackney. It's a one-bedroom ground-floor (※) flat, £110 a week.

Kay: Where is the nearest tube?

Landlord: Mile End. From there it's less than 15 minutes to the West End.

Kay: It's a bit of a dodgy area, isn't it?

Landlord: Well, it's not Knightsbridge that's for sure. Some of the houses in the street are a bit rundown, but this one is in good nick. And there are locks and alarms fitted just in case.

Kay: When could I take a look around?

Landlord: Any evening, except Thursday. What's good for you?

Kay: How about Friday at 6:30.

Landlord: Fine. Have you got a fax? I'll send you a map.

Section E: Sleep, Study & Work

(ケイが大家に電話する)

ケイ：おはようございます。今日の『ルート』の広告の件でお電話したのですが。
大家：あいにくもう決まってしまったよ、お嬢さん。
ケイ：まあ、早いんですね。
大家：ああ、ボヤボヤしてられないよ。来月に空くのはひとつあるんだけどね。
ケイ：場所はどの辺ですか。
大家：ハックニーさ。1階で寝室はひとつ。週110ポンドだ。
ケイ：最寄りの地下鉄の駅は？
大家：マイル・エンドさ。そこからウエスト・エンドまで15分はかからないよ。
ケイ：そこはちょっとあぶない地区じゃないですか？
大家：そうさな。ナイツブリッジじゃないってのだけは確かだね。通りの家の中にはオンボロなのもあるけど、ここは最高の状態だよ。カギはついてるし、万一の場合の警報装置もある。
ケイ：いつ見せていただけますか。
大家：木曜日以外なら、夕方いつでもいいよ。いつがいいのかな？
ケイ：金曜日の6時半ではどうですか？
大家：結構。ファクスはあるかね。地図を送るよ。

※ground floor はイギリスで1階のこと。2階は first floor で、3階が second floor になるから注意しておきたい。

セクションE：眠り、学び、働く

■話してみると 2

(Joe visits a house where he is thinking of lodging)

Joe: Hello. I've come about the room. Is it alright if I take a look around?

Landlady: Of course, come inside. I'll show you the room.

Joe: Do you have any other guests?

Landlady: We have three bedrooms for lodgers. (Opens door) This one is free now.

Joe: How much is the rent?

Landlady: £ 70 a week, including breakfast. Guests share the kitchen, bathroom and living room.

Joe: How about the telephone?

Landlady: You'd be expected to log your calls and pay your share of the bills.

Joe: And could I bring visitors?

Landlady: Yes, but no overnight stays. And I like guests to keep the place tidy. What is you job?

Joe: I'm a student.

Landlady: I see. And how long were you thinking of staying?

Joe: Six months at least.

Section E: Sleep, Study & Work

(ジョーが部屋を借りようと思っている家を訪ねる)

ジョー：こんにちは。お部屋のことで来ました。見せてもらってかまいませんか。

大家：もちろんですとも。どうぞお入りください。お部屋へ案内しますわ。

ジョー：ぼくのほかにも間借り人はいるんですか。

大家：間貸し用の寝室は3つあるの。(ドアを開ける)いま空いているのはここよ。

ジョー：部屋代はおいくらですか。

大家：朝食代込みで週70ポンドよ。キッチン、バスルーム、リビングは共同

ジョー：電話はどうなってますでしょうか？

大家：それぞれ自分の通話を記録しておいてもらって、請求書がきたらその分を払っていただくことになっているのよ。

ジョー：客を呼んでもかまいませんか？

大家：ええ、でも泊まるのは困ります。部屋はきれいに使ってほしいわ。あなたのお仕事は何ですの？

ジョー：学生です。

大家：ああそう。どのくらいいらっしゃるおつもり？

ジョー：少なくとも6か月は。

セクションE：眠り、学び、働く

19 学校：School

"学校が終わったのに、どうしてまた勉強しなくちゃならないの？"

ロンドンが楽しむにはよいところだとしても、数カ月以上滞在するとなれば、仕事や配偶者や学校を探す必要が出てくる。就労ビザを得るには専門技術が必要だから、第一の選択はむずかしい。第二の選択も、ペーパー・マリッジという方法がなくもないが、そう簡単ではない。したがって学校に入って勉強する方法が残ることになる。

"どんな学校があるの？　ビザのためではなく…"

フルタイムの英語やファッションのコースから、パートタイムのフラワー・アレンジメントやジャグリングのコースまで、ロンドンの公立学校、私立学校は生涯教育の機会を提供している。地元には、知識を追求しなくてはというひどい強迫観念にとらわれて（だから適当な仕事を探したがらない）、"永遠の学生（eternal student）"などと呼ばれている人たちもいる。

毎年4万人の日本人がイギリスに勉強しに来て、その大部分は英語学校に入る。英語学校はめまいがするくらいたくさんある。トテナム・コート・ロード Tottenham Court Road 辺りには、小遣い稼ぎに英語学校のチラシを配っている学生があふれている。

"日本で学校探しをするには？"

学校探しを始めるのは日本からがよい。入学登録をして飛行機に飛び乗る前に、ブリティッシュ・カウンシル British Council（東京都新宿区神楽坂1－2　03-3235-8031）を訪ねるか電話をしてみるべきだ。イギリスの政府機関が学校の選び方をアドバイスしてくれる。

政府の認可を受けた86校のリストがあり、それらは主な英語教育団体 (ARELS= Association of Recognised English Language Services、BASELT=British Association of State English Language Teaching、FIRST=First Quality English Language Services) の承認も受けている。さらにこうした学校では3年ごとに、施設の質や教師の資格などもチェックされている。

"どうやって選んだらいいの？"

英語学校を選ぶ前に、自分の勉強に対する意欲を確認しておこう。

もし単にロンドンに住むビザがほしいだけなら、いちばん安いフルタイムコースを選択すればいい。しかし本当にやる気があって、ケンブリッジ大学や IELTS 試験に合格したいのなら、それなりの出費を覚悟しなければならない。授業時間数にもよるが、たいていのコースは週50ポンドから150ポンドの間だ。学費には教材費がふくまれるのかどうかを必ず確認し、LL施設やコンピュータ・ルームを使わせてくれるのかどうかもチェックしよう。ほとんどの学校には学生寮がある。また、食事付きで週70ポンドくらいの住まいの斡旋も

してくれる。

検討してみる価値がある学校のひとつは、シェーン・イングリッシュ・スクール Shane English School だ。ここは日本国内に強いネットワークを持っているから、出国する前にすべての手続きができる。

もうひとつはクール・スクール Cool School 《cool-school@westbourne.demon.co.uk》だ。ここはファッション産業界の人の講義やロック・フェスティバルの見学を授業に取り入れるという新しい試みをしていて、その学生寮はウエスト・エンド West End のど真ん中にある。

"行ってみたら日本人ばかりのクラスじゃね…"

英語学校で問題なのは、先生一人だけがネイティブ・スピーカーという不自然な言葉の環境であることだ。結局あなたは、クラスの仲間からよくない英語の影響を受けたり、日本人（20人のクラスで15人が日本人ということもある）と日本語で話すことになる。

もし基本的な英語の力があるなら、ファッション、ヘア・ドレッシング、ジャーナリズムその他、別な目的を持って地元の人の中で勉強したほうがいい。大学や各種学校のコースや入学手続きに関する詳しい情報はブリティッシュ・カウンシルで手に入る。

アロマテラピー、写真、フラワー・アレンジメント、ガーデニング、あるいは曲芸などを習ってみる気があるなら、『サーチライト Searchlight』という年鑑を見てみよう。ロンドンで学べるすべてのコースが載っている。多くは時間制か

夜学で、たいてい公の機関が運営しているから、学費はとてもリーズナブルだ。

"学生の特権はあるの？"

学校に入ったなら、学生の身分を大いに活用すべきだ。例えば安く旅行する、劇場のチケットを割引で手に入れる、大学のバーで安くビールを飲むといったぐあいだ。

学生の身分を証明するには、ナショナル・ユニオン・オブ・スチューデンツ (NUS=National Union of Students) のカード、あるいはインターナショナル・スチューデント・アイデンティティ・カード (ISIC=International Student Identity Card) が必要だが、それらは学生組合 (student unions) または学生旅行代理店 (student travel agencies) で手に入る。このカードで運転教習料や床屋が割引になるし、映画館や劇場にも安く入ることができる。

スチューデント・レイルパス (student railpass 18ポンド) あるいはスチューデント・コーチパス (student coach pass 7ポンド) を買えば、旅行費用は最大30％まで安くなる。25歳以下の人、あるいは週に15時間以上授業を受けている人なら、だれでもこうした年間パスを主要な駅で買うことができる。

また、ステージパス (Stage pass 15ポンド) を買えば、劇場のチケットがかなり安くなる。

詳しいことは、電話 (0207-379-6722)、またはホームページ 《stagepass@dial.pipex.com》で。

ＩＤカードで、学生組合のバー、食堂、ディスコなどの食

セクションE：眠り、学び、働く

べ物や飲み物、エンターテインメントの支払いもできる。居心地が良くて安い場所のひとつは**東洋アジア・アフリカ学院 School of Oriental and African Studies** で、ここのパイは最高だ。

その近くにある、**ユニバーシティ・オブ・ロンドン・ユニオン University of London Union** にはいくつかのバーがあり、毎週金曜日と土曜日にはライブ・ミュージックをやっている。さらにいいのは**ユニバーシティ・オブ・ウェストミンスター University of Westminster** だ。とてもかっこいいし、エンターテインメントも素晴らしい。

学生向けの最高の食事は、マレット・ストリート Malet Street にある**スクール・オブ・ハイジーン・アンド・トロピカル・メディシン School of Hygiene and Tropical Medicine**（衛生学と熱帯病学院）のランチ。当然ながら、とても清潔だ。

リンク

http://www.britcoun.org/　ブリティッシュ・カウンシル
http://www.britishcouncil.org/japan/index.htm
ブリティッシュ・カウンシル・ジャパン
http://www.academicinfo.net　学生・教師のための情報

ちょっとひと言/Tip

学生援護基金などに関する詳しい最新情報は、ナショナル・ユニオン・オブ・スチューデンツ National Union of Students のウェブサイト《http://www.nus.org.uk》をチェックしてみるといい。

Section E: Sleep, Study & Work

■教科書で学べない発音のレッスン

Does the price include textbooks?
ダザ プライス インクルー テクストブックス？

What examinations can I study for?
ウォ イブザミネイションズ ケナ スタディ フォー？

Yesterday's homework was a nightmare.
イエスタデイズ アウムワーク ウォザ ナイメア

I always get lost in Jones' classes.
アィウェイズ ゲッロスィン ジャンズ クラスイズ

セクションE：眠り、学び、働く

■学校その他、教育関係の施設

① ブリティッシュ・カウンシル （020-7930-8466）
　10 Spring Gardens, SW1,

② アングロ・ワールド・エデュケーション （020-7404-3080）
　3-4 Southampton Place, WC1, Holborn tube

③ セントラル・スクール・オブ・イングリッシュ
　（020-7580-2863）
　1 Tottenham Court Road, W1, Tottenham Court Road tube

④ イングリッシュ・イン・セントラル・ロンドン
　（020-7437-8536） Peter Street, W1

⑤ キングスウェイ・カレッジ （020-7360-5700）
　Vernon Square, WC1,

⑥ ロンドン・スタディ・センター （020-7731-3549）
　Munster House, 676 Fulham Road, SW6, Parsons
　Green tube

⑦ シェーン・イングリッシュ・スクール
　（020-7499-8533）
　59 South Molton Street,W1, Bond Street tube

⑧ ユニバーシティ・オブ・ロンドン・ユニオン
　（020-7664-2000）
　Malet Street,W1, Goodge Street tube

⑨ ユニバーシティ・オブ・ウェストミンスター
　（020-7911-5000）
　35 Marylbone Road, Baker Street tube

Section E: Sleep, Study & Work

⑩ スクール・オブ・オリエンタル・アンド・アフリカン・スタディズ
(020-7637-2388)
Thornaugh Street, WC1, Russell Square tube

⑪ スクール・オブ・ハイジーン・アンド・トロピカル・メディシン
Malet Street, WC1, Goodge Street tube

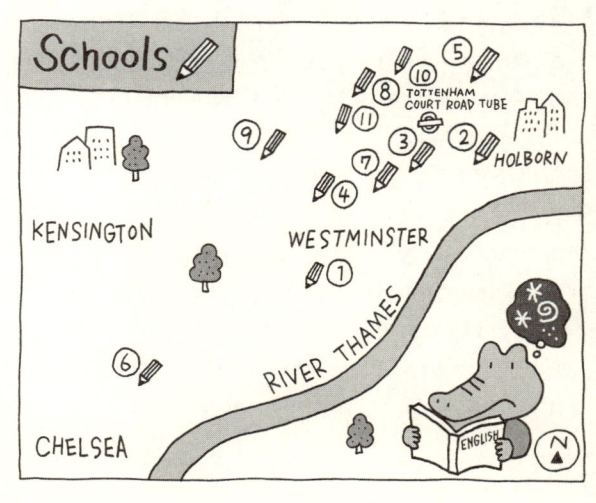

セクションE：眠り、学び、働く

■話してみると 1

(Kay checks out an English language school in the West End)

Kay: Hi, I dropped by to ask some questions about the school on behalf of a friend.

Manager: Sure, what kind of course is he or she looking for?

Kay: Well, I guess about 20 hours a week of study.

Manager: Right, and for how long?

Kay: At least six months. She's on a student visa.

Manager: That's no problem. A basic course works out at about £90 per week.

Kay: Does that include textbooks and other materials?

Manager: No, that's extra.

Kay: What examinations can she study for?

Manager: Depending on her ability, either the Cambridge University preliminary, first level or proficiency exam.

Kay: Are your courses approved by ARELS?

Manager: Yes, we are fully accredited.

Section E: Sleep, Study & Work

(ケイはウエスト・エンドの英語学校を調べている)

ケイ：こんにちは。友だちの代わりに、こちらの学校について少しうかがいたくてまいりました。

担当：わかりました。お友だちはどんなコースをお探しですか。

ケイ：ええっと、週に20時間の授業のコースだと思います。

担当：そうですか。それでどのくらいの期間でしょうか。

ケイ：少なくとも6カ月。彼女は学生ビザなんです。

担当：それは問題ありません。基礎コースは週に約90ポンドになります。

ケイ：それはテキストやそのほかの教材も含めてですか？

担当：いいえ、それは別になります。

ケイ：どんな試験を受けるための勉強ができるのですか？

担当：それはご本人の能力次第ですけど。ケンブリッジ大学の予備試験か、ファーストレベルか、あるいは実力試験ですね。

ケイ：こちらの学校はARELSの承認を受けていらっしゃいますか。

担当：もちろん、ちゃんと正式認可を受けてますよ。

セクションE：眠り、学び、働く

■話してみると 2

(Joe tells a friend he is struggling with his studies)

Joe: Last night's homework was a bloody nightmare.
Mate: You look a right state. Were you up all night burning the midnight oil?
Joe: Yeah, I worked until 3 am and I still didn't get it done.
Mate: When's the deadline?
Joe: This afternoon. Jones is going to do his nut.
Mate: Can't you copy somebody else's?
Joe: Yeah, I suppose so. But I'm so fed up with this subject.
Mate: What's the problem?
Joe: I dunno... I just get completely lost in Jones' classes.

■ボキャブラリー/The lingo

Approved ― 承認（許可）を受けた。
Accredited ― 正式に認可された。
On behalf of ― ‥‥の代わりに。
Bloody ― 強意のための表現（ほとんど意味はない）。
Nightmare ― 悪夢。ひどい経験を表す言葉。
To look a right state ― （顔つきなどが）ひどく見える。
(=to look terrible)
To burn the midnight oil ― 夜遅くまで仕事（勉強）をする。

Section E: Sleep, Study & Work

（ジョーは友だちに宿題で悪戦苦闘していることを話している）

ジョー：昨日の宿題はまったく悪夢そのものだったよ。
友人：ひどい顔してるな。夜中まで勉強してたのかい。
ジョー：ああ、明け方の3時までな。でもまだ終わってないんだ。
友人：提出期限はいつなんだ。
ジョー：今日の午後さ。ジョーンズ先生はカンカンになるだろうよ。
友人：だれかほかのやつのをコピーできないのかい。
ジョー：ああ、おれもそう思ったよ。でももうこの科目にはホトホトうんざりだ。
友人：どうして？
ジョー：わかんないけど、ジョーンズ先生のクラスは完璧に落第点だってことさ。

• •

Deadline―（宿題の提出日など）締切。
To do one's nut―（怒って）カンカンになるという意味のスラング。
Fed up with...―…に飽きた、うんざりした。
I dunno―知らない。わからない。I don't know のロンドン弁。
Get lost ―わからなくなる。道に迷う。（命令形で、出て行け、うせろ）
To have a hard time ―苦労する。骨を折る。
The last thing I want to do―ひどく嫌いなことを表す表現。

• •

セクション E：眠り、学び、働く

20 働く：Work

"ロンドンで稼ぐことはできるの？"

　ぼくは、マグドナルドやパブでも働いたし、ゴルフのキャディーもやったことがある。きつい肉体労働ではビルを壊す建設会社の仕事、アブナイところでは新薬のテスト、つまり人体実験の被験者もやった。こういった経験をしているのは、イギリス人として別に珍しいことではない。

　かつてロンドンは巨大な富を稼ぎ出していたので、町の通りは"金で舗装されている"といわれた。イギリス帝国の最盛期にはこの誇張にもうなずけたろう。しかし現代のロンドンの通りはコンクリートで舗装され、ゴミやガラクタが散らばり、ホームレスがあふれている。もちろんシティ City（金融街）ではまだまだ相当のお金が動いている。もし払いの良い仕事が見つけられなければ、大道芸やバーの仕事のような楽しいことをしたり、空港やお店で働いて英語の勉強に役立てるべきだ。

　仕事への扉を開くカギはビザの種類と英語能力だ。就労ビザ (working visa)、配偶者 ビザ (spouse visa)、あるいは永久居住許可 (permanent residency status) がある人には、日本では得られなかったかもしれない仕事の機会をロンドンは提供している。特に女性には。

　永久居住許可を得ようとイギリス人男性と結婚する日本人女性もいないわけじゃないようだ。就学ビザでも、ローカル・エンプロイメント・サービス・センターの許可をもらえ

Section E: Sleep, Study & Work

ば、限定つきでパートの仕事はできる。観光ビザ (tourist visa) で仕事を見つけるのはかなりむずかしいが、不可能ではない。しかしもし不法就労でつかまると、入国管理局に国外に追い出される。

"どこに行けば仕事を見つけられるの？"

適正なビザがあるなら、人材派遣センター (employment agency) で仕事を探すのがいちばんよい方法だ。

エージェンシーはいくつかあるが、**アッシュフォード・アソシエイツ Ashford Associates** のようなところは、主に日本のビジネス・コミュニティ向けの仕事を紹介している。円が強かった90年代の初めがこのコミュニティの全盛期で、日本の銀行、証券会社等がもっとも払いのよい企業だった。

バブル崩壊後の景気後退と不良債権問題で事情は変わってしまったが、まだスクエア・マイル（Square Mile 金融街 City の別名）は払いのよい仕事を探せるところだ。就労ビザを持っている日本人の数が限られているから、東京では夢にも思わなかった仕事を見つけられるかもしれない。

シティではもっとも安い仕事でも2万ポンド以上、そして昇進やボーナスの機会にも恵まれている。しかしそうではあっても、住宅や車や高給など、地元採用のあなたにはない特別な待遇を受けている駐在員の同僚がうらやましいかもしれないが。

"日本人スタッフを求めているところはない？"

日本人社会でのいい仕事は観光、旅行関係の産業にある。

セクションE：眠り、学び、働く

JAL や ANA はヒースロー空港 Heathrow Airport の搭乗手続きデスクと VIP ラウンジでバイリンガルの地上勤務スタッフを必要としている。ほとんどの仕事はパート・タイムだから昇進の機会はちょっと望めない。しかし日本への直航便を持っているヴァージン Virgin、ブリティッシュ・エアウェイズ British Airways も、地上勤務のスタッフや乗務員として日本人スタッフをロンドンで雇っているからチャンスは結構ある。

　ハロッズ Harrods のようなヒースロー空港のフランチャイズ店も日本人スタッフを雇っている。売り上げの多くを日本人観光客に頼っているからだ。ロンドンのデパート、例えば三越 Mitsukoshi、フォートナム＆メイソン Fortnum and Mason's、バーバリー Burberry、そして多くの日本料理レストランなどでも同じだ。

　日本の旅行代理店もロンドンにオフィスを持っていて、地元でスタッフを雇っている。日本人コミュニティで働きたいなら、『英国ニュース・ダイジェスト The Eikoku News Digest』や、ジャパン・センター Japan Centre の掲示板、あるいはエージェンシーなどをチェックして、直接その会社に連絡してみるべきだ。

"せっかくだから冒険してみようかしら？"

　もっと環境を変えてチャレンジしてみたいなら、日本人のコミュニティの外で仕事を探してみよう。競争は激しくて給料は安いかもしれないが、英語の勉強にもロンドンの生活を理解するのにもそのほうがいい。そういう仕事には運転手か

らマスコミ関係、またレストランの仕事まである。

まず当たってみるべきなのは、『ジ・イブニング・スタンダード The Evening Standards』や、フリーマガジンの『TNT』などの新聞、雑誌の求人広告欄、公共職業安定所 (public job centres)、ブルー・アロー Blue Arrow (肉体労働が主)、ブルック・ストリート Brook Street (オフィスワークが主) のような臨時労働者紹介所 (temp agencies)だ。学生や旅行者のための仕事探しには、『世界で働く Work Your Way Around the World』とか、『イギリスの夏の仕事 Summer Jobs in Britain』といったよい本も出ている。

適正なビザや特別な技術がなくても仕事を見つけることは可能だ。もっともそれは不法なので、仕事は条件も悪く賃金も安いスレイブ・レイバー (slave labour) に近いものになる。パブやレストラン、ホステス・バーや工事現場のフルタイムの仕事では、あれこれ聞かれることはないし、ビザに関してウソを言ってもチェックなしだ。そして運がよければ週150ポンド以上もらえる。

"自分の能力を生かすことはできないのかな?"

自営業というもっといい方法もある。日本語、生け花、着物の着付け、その他あなたが得意なことを教えれば、結構な副収入を得ることも可能だ。うまく渡りをつけられれば、日本の食べ物や工芸品を売るマーケットの露店をどこかに出すこともできる。スピタルフィールズ・マーケットには、日本人の露店がある。

もし英語力がしっかりしているなら翻訳の仕事の機会は

セクションE：眠り、学び、働く

いくらでもある。住まいの近くの地域で保母の仕事を探すこともできる。ローカル新聞や近くの店などに、あなたができることを広告してみるといい。

もっと違ったところで、大道芸はどうだろう。ショッピング・センターや地下鉄のホームなど、人の集まる所でよい場所を確保できれば、楽器を演奏したり、歌ったり、観客を笑わせたりしていいお金になる。警官に移動しろと言われたり、ほかの大道芸人から自分の場所を取ったと怒られることもあるが、そういう場合は、いつならいいのか聞けばいい。たいていきちんとした大道芸のスケジュールができているからだ。

もし、あなたが大道芸で稼ぎたかったら、なにか楽器ができるといい。ぼくにも一度その経験があるが、その顛末はこんなぐあいだった。楽器のできる友だちに混じって、ぼくはベースをうけもった。ただそのベースは tea-chest-bass で、文字通り紅茶の箱にスコップの柄をつけ、そこに弦を張ってブンブン奏でる。ぼくたちは1時間ほど町の中で演奏したが、2ポンドももらえなかった。パーキング代も出なかったという…とほほ…体験だった。しかし、まあとても楽しかったとつけ加えておこう。

🖥 リンク

http://www.jobsite.co.uk/ 　仕事の情報
http://www.jobsunlimited.co.uk/ 　仕事の情報
http://www.netjobs.co.uk/ 　仕事の情報

— Section E: Sleep, Study & Work

http://www.prospects.csu.man.ac.uk/　仕事の情報
http://www.ipl.co.uk/recruit.html　仕事の情報

> 💡 ちょっとひと言/Tip
> よく行き届いた英語の履歴書 (CV=curriculum vitae, resume) は、仕事を得るのにいつでも大いに役立ってくれる。近くの図書館に行って、係の人にCVの書き方ガイドを見せてもらおう。

■頼りになる機関

① アッシュフォード・アソシエイツ
　Ashford Associates （020-7626-4592）
② アクティブ・リクルートメント
　Active Recruitment （020-7976-7551）
③ キャノン・ペルソナ
　Canon Persona （020-7489-8141）
④ オーバーシーズ・レイバー・サービス
　Overseas Labour Service （0114-259-4074）

セクションE：眠り、学び、働く

■教科書で学べない発音のレッスン

> I'm ringing about the job you advertised in today's paper.
> アムリギン　アバ　ダジョビュ　アバタイスディン　ツダイズ　パイパ

> What are the hours?
> ウォ　アディ　アワーズ？

Section E: **Sleep, Study & Work**

> **Thanks for the tip.**
> ファンクス フォダ ティ

> **How do I apply?**
> アウダ アイ アプライ？

セクションE：眠り、学び、働く

■話してみると 1

(Kay telephones a restaurant about a part-time job)

Kay: Hello, I'm ringing about the job you advertised in today's paper.

Personnel manager: Uh-huh. What would you like to know?

Kay: What are the hours?

Personnel manager: You would be expected to work two shifts a week from 6-11 pm.

Kay: And what's the pay?

Personnel manager: You would start on £4 per hour plus tips and meals.

Kay: How much could I get from tips?

Personnel manager: Well, it depends...but on average I guess it is about £10 per night.

Kay: Well, I'm interested. How do I apply?

Personnel manager: Pop in here this evening or tomorrow with your CV and a reference.

Kay: OK, would noon tomorrow be OK.

Personnel manager: Fine, I'll see you then.

Section E: *Sleep, Study & Work*

（ケイはパートの仕事の件でレストランに電話している）

ケイ：こんにちは。朝刊に募集広告が出ていた仕事の件でお電話してるんですが。

人事担当者：あ〜ん。それでどういうことをお尋ねですか。

ケイ：勤務時間帯はどうなっていますか。

人事担当者：午後6時から11時までの5時間勤務を週2回していただきたいんです。

ケイ：給料はどのくらいでしょうか。

人事担当者：時給4ポンドにチップと食事付きからスタートですね。

ケイ：チップはどれくらいいただけるんですか？

人事担当者：そうね、場合によりますが、平均で一晩10ポンドというところでしょうか。

ケイ：まあ、やってみたい気がするわ。応募するにはどうすれば。

人事担当者：今晩か明日にでも履歴書と紹介状を持ってこちらにおいでください。

ケイ：わかりました。明日の午後でよろしいでしょうか。

人事担当者：結構です。ではその時にお会いしましょう。

セクションE：眠り、学び、働く

■話してみると 2

(Joe takes someone else's busking spot)

Joe: (Sings) Hey Jude, don't get me down...
Busker: What do you think you're doing man?
Joe: What do you mean?
Busker: This is my spot. Look, it's written on the wall.
Joe: (Checks schedule on wall) Oh, yeah. Sorry about that.
Busker: No problem man. Are you new at this?
Joe: Yeah, is it that obvious?
Busker: You know there is a good spot near Eros.
Joe: Thanks for the tip. I'll give it try.
Busker: Good luck, man.
Joe: Cheers.
Busker: Hey, and you can come back here in two hours. Write your name on the wall.

■ボキャブラリー/The lingo

Slave labour ―条件も給料も悪い仕事。
Macjobs―テイクアウェイの店の給料の安い仕事。Mac-はMcDonald'sからきている。
Temp―臨時の労働者（たいていは事務職）。
The City―金融街 (The City of London)。別名、Square Mileとも呼ばれる。
Ring ―電話。(=Telephone)

Section E: Sleep, Study & Work

（ジョーがほかの大道芸人の場所を使っている）

ジョー：（歌っている）ヘイ、ジュード、ドント・ゲット・ミー・ダウン‥‥

大道芸人：お前さん、何やってるかわかってるのかい？

ジョー：どういう意味だい？

大道芸人：ここはおれのショバだ。見ろよ、壁に書いてあるだろう。

ジョー：（壁のスケジュールをチェックする）やっ、そうだ。こりゃ悪かった。

大道芸人：まあいいさ、若いの。お前さん、やるのは初めてだろ。

ジョー：まあね、でもそんなに見え見えかな？

大道芸人：いいこと教えよう。エロス像の近くがいいんだぜ。

ジョー：そりゃどうもありがとう。やってみるよ。

大道芸人：しっかりな、若いの。

ジョー：ありがと。

大道芸人：おい、2時間したらここに戻っていいんだぞ。壁に名前を書いとけよ。

Pop in―ちょっと訪ねる。
CV―履歴書（curriculum vitae, resume）。
Busker―路上で音楽そのほかの芸をして金を稼ぐ大道芸人。
...man―ヒッピーなどが使う呼び掛けの言葉。
Cheers―thanks の代わりによく使われる。本来の意味は"乾杯!"
Tip―二つの意味がある。ひとつは無料のアドバイス。もうひとつは競馬のジョッキー情報のような得する（得しそうな）ささやき情報。

セクション E：眠り、学び、働く

21 メディア：Media

"ロンドンにいたら、日本のことをどんなふうに知ることができる？"

　イギリスと日本は、どちらも島国で似ているとよく言われるが、地理的に孤立していることが、ロンドンと東京の人たちを世界的なメディア・ジャンキーにしている理由のひとつかもしれない。ほかのどこの国民も、これほどたくさんの新聞は読まないし、これほどテレビを観ないだろう。

　しかももちろんインターネットは大ブームだ。日本の新聞をオンラインで読むのも可能だし、衛星放送のおかげで、最新のNHKの朝ドラを観ることもできる。

"インターネットへはどうやって接続できるの？"

　今やもっとも重要なメディアはコンピュータだと言っていいだろう。日本にいる友だちや出来事についていくには特にそうだ。

　ロンドンでネットに接続したかったら、まず考えなくてはならないのはハードだ。あなたが持っているコンピュータが日本で買ったものなら、イギリスの240ボルト対応かどうかチェックする。もしそうでなければ、トランスフォーマーを買う必要がある（20ポンドくらいからの中古品が手に入る）。イギリスでコンピュータを買う場合は、一緒に日本語ソフトも買わないと漢字のメールやウェブサイトが読めない。

　オンライン接続は簡単で、しかもたいていは無料だ。銀行、

スーパーマーケット、そのほかいろいろな業界がそれぞれインターネットのサービス・プロバイダーに登録するフリーソフトを提供している。基本的なサービスは無料で、唯一のコストは電話料金だけだ。

"英語力がちょっと心配なんだけど…"

もし言葉の問題が心配でも、ロンドンには日本のサービス・プロバイダーがいくつかあるから大丈夫だ。

ジャパン・グローブ Japan Globe (0207-247-6347 14 Devonshire Square, EC2)、KDDユーロウェブ KDD Euro Web (0800-01-0510 6th floor, Finsbury Circus House, 12-15 Finsbury Circus, EC2)、ソネット SO-NET (0207-426-8650 15th floor, Commercial Union Tower St. Helens, Undershaft, EC3) などだ。

リストに挙げたような、インターネット・カフェ Internet cafes を使うという手もある。料金はたいてい30分約3ポンドだ。

"テレビではなにが観れる？"

英語を勉強するひとつの方法はたくさんテレビを観ることだ。ロンドンっ子はテレビをテリー (the telly)、チューブ (the tube)、ボックス (the box) などと呼んでいる。いろいろなイギリスの放送局が、"Mr.Bean"とか"Teletubbies"のようなクリエイティブでクオリティの高い番組で、毎年国際的な賞を受けているが、中にはどうしようもないものや、古い番組の再放送ばかり流している局もある。

セクションE：眠り、学び、働く

主要な5つの地上波放送チャンネルの中でも、BBC1はもっとも古いくて内容も群を抜いている。強いロンドンなまりを知るために、"Eastenders" を観てみよう。すごい人気のソープ・オペラ (soap opera ※1) なのだ。やや辛口のBBC2と同様、受信料で経営されている。もし受信料を払わないと、日本と違って罰金を課せられるから気をつけよう。

広告料で運営されている商業チャンネルが3つある。ITV（チャンネル3）はゲームショーとドラマで多くの視聴者にうけている。「コロネーションストリート Coronation Street」は30年以上もつづいているドラマだ。チャンネル4は、例えば "Brass" とか "The Full Monty" など、少ない制作費で作られたカルトっぽい映画を流すことで有名だ。チャンネル5はまだ始まったばかりで、そのねらいはちょっとはっきりしていない。

"日本のテレビやビデオを観ることはできる？"

日本のテレビ番組を観たかったら、衛星放送会社のビー・スカイ・ビー BskyB と契約しなくてはならない。これにはジャパン・サテライト・テレビ Japan Satellite TV (JSTV) のチャンネルしかない。NHKニュースと相撲、その他の局のドラマを流している。

ビー・スカイ・ビーは、たくさんの世界的なスポーツ・イベントの放送権も持っている。忘れてならないのは、イギリスのテレビは日本の NSTC システムとは違う PAL 方式であることだ。もし日本から送られてきたビデオを観たかったら、マルチシステムのテレビとビデオを買わなくてはならな

い。

"新聞と雑誌について教えて"

英語の力がついてくると地元の新聞や雑誌を読みたくなるかもしれない。ぜひおすすめするのは、手ごろなロンドンのお楽しみ情報が載っている週刊誌『タイム・アウト Time Out』だ。ロンドンの毎日のニュースを知るなら『ジ・イブニング・スタンダード The Evening Standard』のほかにない。勤め帰りの通勤客ならだれもが買う新聞だ。

全国紙は 2つのカテゴリーに分けられる。ごく真面目なものは、ブロード・シート（1面が38×61センチの普通サイズの高級紙）の『ザ・テレグラフ The Telegraph』（非常に保守的だが、スポーツ関係の記事がいい）、『ザ・タイムズ The Times』（右、左にかかわらず、たいてい政府寄り）だが、『ザ・ガーディアン The Guardian』（リベラル派、国際派、そして チャタリング・クラス chattering classes ※2 向けの新聞）、『ジ・インディペンデント The Independent』（右にも左にも偏らないことを目指している）などだ。私事だが、ぼくは現在ガーディアン紙の東京特派員として働いている。

もう一方にあるのは、滑稽であつかましく、好戦的なスタイルで世界的に知られるタブロイド新聞だ。もっともポピュラーなのは『ザ・サン The Sun』。しばしば攻撃的だったり、偏見に満ちていたりするが、なにしろとてもおもしろいし、一般大衆の考え方を知るために読む価値はある。

『ザ・ミラー The Mirror』は左寄りのスタンスで、それに

セクションE：眠り、学び、働く

続くのが『ザ・スター The Star』。これらの新聞には水着のモデル写真やトップレスの女性の写真などが載るが、セックスとばかばかしい記事に関して日本のスポーツ紙に匹敵するのは『ザ・スポート The Sport』だけだ。

『ザ・スポート』には、月の世界で生きているエルヴィス・プレスリーの実話などが載ったりする。スポーツ記事以外はほとんど冗談なのだ。読者からの手紙による相談コーナーに載るのは、こんな切実な相談だ。「ぼくの家内がレタスと恋に落ちて家出してしまった」。その結末はというと「1週間後手紙がきたので急いで読んだら…青虫が私の恋人を食べた」。

メディアの中で、中間的な立場にいるのが、『ジ・メイル The Mail』『ジ・エクスプレス The Express』だ。両紙ともに、現代中流階級の保守的価値観を代表している。

多くのイギリス人の午前の楽しみは、ベッドにぶ厚い日曜版をもち込んで、紅茶を飲みながらリラックスして頁をめくることである。

"ラジオ音楽は楽しいのをやってる？"

音楽愛好家ならラジオのダイヤルも回してみよう。さまざまに交錯し混ざりあったロンドン文化を反映して、多くの局がいろいろなジャンルとテイストと異なった文化の音楽を提供している。そのいくつかを挙げてみよう。

ジャズ FM (Jazz FM, 100.9 kHz)はジャズとソウル。ヴァージン (Virgin, 105.8 kHz)とキャピタル (Capital, 95.8 kHz)はポップス。クラシック FM (Classic FM, 100.9

― Section E: *Sleep, Study & Work*

kHz)はクラシック。チョイス FM (Choice FM, 96.9 kHz) はダンス音楽。エックス FM (XFM, 104.9 kHz)は、無数にある小さな局と同様に、インディーズからダブまであらゆる音楽を流している。ニュースだけならエル・ビー・シー (LBC, 1,152 kHz)、GLR (94.9 kHz) に合わせれば、おしゃべりと音楽とロンドンのニュースの最高のコンビネーションが楽しめる。

※1 ソープ・オペラ (soap opera) とは、「イーストエンダーズ」とか「コロネーション・ストリート」のような長期連続のドラマのこと。こうした番組は最初、洗濯洗剤や石けんを売るための広告用に作られたのでこう呼ばれる。アメリカのソープ・オペラは、金持ちで力がある恵まれた人が主人公だが、イギリスのものは、ダウンタウンに住む貧乏な人が主人公で、ぐっと現実的で暗い。

※2 チャタリング・クラス (chattering classes) とは、メディア関係者と政治家のことを言う。国政に関する議論に加わる人たち。chat=おしゃべり

🖳リンク

http://www.bbc.co.uk/　BBC
http://www.bbc.co.uk/worldservice/japanese/　BBC（日本語を含む）
http://www.channel4.com/　チャンネル 4
http://www.mediauk.com/directory/

セクションE：眠り、学び、働く

英国メディア・インターネット帳
http://www.sky.co.uk/online/ Skyテレビ
http://www.bbc.co.uk/schedules/
BBC番組スケジュール
http://www.ws.pipex.com/tvweb/index.html
テレビ・ガイド
http://www.telegraph.co.uk/　Electronic Telegraph紙
http://www.ft.com/　Financial Times紙
http://www.guardian.co.uk/　Guardian紙
http://www.independent.co.uk/　Independent紙
http://www.mirror.co.uk/　Mirror紙
http://ww.pa.press.net/news/
Press Association通信社
http://www.the-times.co.uk/　Times紙

ちょっとひと言/Tip

"ロンドン・ディレクトリ London Directory" http://www.bbc.co.uk/ と、"ネット・ロンドン・ディレクトリ Net London Directory" http://www.netlondon.com.derectory.html をチェックしてみよう。どちらもロンドンのネット・ガイドとしてはベストのものだ。

■教科書で学べない発音のレッスン

Can you explain how I get on-line?
クンニャ エクスプライン アワ ゲッオンライン？

What's on the box tonight?
ウォソンナ ボックス トナイ？

What do I have to do to sign up?
ウォダイ アフタ ドユタ サイナ？

The tube must be on the blink.
ダチューブ マズビ オナブリンク

セクションE：眠り、学び、働く

■インターネット・カフェ（30分3ポンドくらいから）

① バズ・バー (020-7460-4906) 95 Portobello Road, W11, Notting Hill Gate tube buzzabar@hotmail.com

② カフェ・インターネット (020-7233-5786) 22-24Buckingham Palace Road, SW1, Victoria tube cafe@cafeinternet.co.uk

③ サイベリア・サイバー・カフェ (020-7681-4200) 39 Whitfiled Street, W1. Goodge Street tube cyberia@easynet.co.uk

④ グローバル・カフェ (020-7287-2242) 15 Golden Square, W1. Oxford Circus tube info@gold.globalcafe.co.uk

⑤ インターカフェ (020-7631-0063) 25 Great Portland Street, W1. Oxford Circus tube postmaster@intercafe.co.uk

⑥ シューティング・サーフ (020-7419-1183) 13 New Oxford Street, WC1. Holborn tube info@shootnsurf.co.uk

⑦ ウェブシャック (020-7439-8000) 15 Dean Street, W1. Tottenham Court Road tube webmaster@webshack-caf.com

⑧ ワールド・カフェ (020-7713-8883) 394 St. John Street, EC1. Angel tube theworldcafe@earthling.net

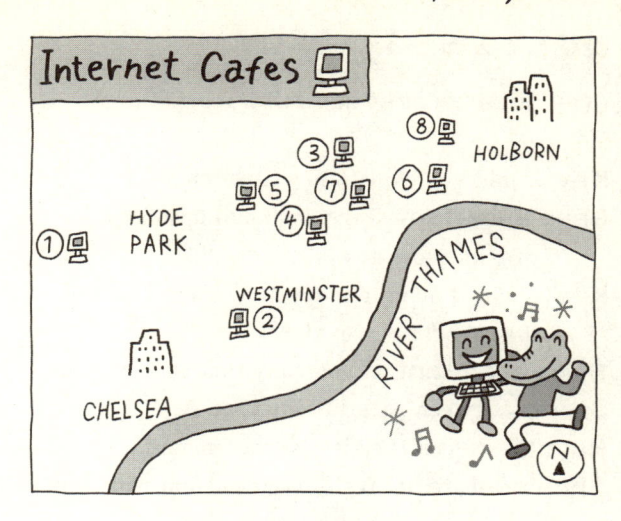

■ボキャブラリー/The lingo

Go-between—プロバイダー。エージェント。
A million times—大げさにものを言う。
Footy—フットボール。
Flick over to—チャンネルを変える。
On the blink—調子が悪くなった。
Rubbish—だめなもの、くだらないもの。

セクションE：眠り、学び、働く

■話してみると 1

(Kay buys her first computer)

Kay: Could you explain how I get on-line?

Shop assistant: Sure, just sign up with a provider and away you go.

Kay: Sorry, I don't follow you. I'm new to all of this. What's a provider?

Shop assistant: A company that acts as your go-between with the Internet.

Kay: How much does it cost each month?

Shop assistant: Well, it depends on what you want, but most of them are free.

Kay: Great, what do I have to do to sign up?

Shop assistant: All you have to do is pick up a CD-Rom from a provider, insert it into your CD-Rom drive, and follow the on-screen instructions.

Kay: What's a CD-Rom drive?

Shop assistant: Oh dear, you really are a beginner aren't you?

Section E: Sleep, Study & Work

（ケイは初めてコンピュータを買おうとしている）

ケイ：どうやったらオンライン接続ができるか説明してくださる？
店員：ええ、プロバイダーと契約すれば、それですぐできますよ。
ケイ：ごめんなさい。初めてなので、おっしゃることが良くわからないの。プロバイダーって何？
店員：インターネットとあなたを結ぶ仲介役をする会社のことです。
ケイ：月にどれくらい料金がかかるの？
店員：そうですね。あなたが何をしたいかによりますが、たいていは無料ですよ。
ケイ：素敵！　契約するにはどうすればいいのかしら。
店員：プロバイダーからの届くCD-Romを、あなたのCD-Romドライブに差し込むだけです。
あとは、画面の指示にしたがってください。
ケイ：CD-Romドライブって何ですか？
店員：参ったな。あなた本当に何も知らない初心者なんですね。

セクションE：眠り、学び、働く

■話してみると 2

(Joe looks through the TV guide)

Flatmate: What on the box tonight, Joe?
Joe: Oh, you know the same old rubbish...
Flatmate: Aren't there any films?
Joe: Nah, just old ones that I've seen a million times already.
Flatmate: What about footy? I thought there was a game on tonight?
Joe: Oh, yeah, it's just started. Quick, turn it on and flick to BBC1.
Flatmate: (Strange lines appear on the screen) Oh no, it's on the blink again.
Joe: There's only one thing to do.
Flatmate: What's that then?
Joe: We'll have to go down the pub and watch it there.
Flatmate: You're a genius.

Section E: *Sleep, Study & Work*

（ジョーはテレビ番組のガイドを見ている）

ルームメイト：今夜は何があるんだい、ジョー。
ジョー：決まってるじゃないか。いつもと同じくだらないやつさ。
ルームメイト：何か映画はないのかい。
ジョー：いいや。もう飽きるほど見た古いやつばっかりだ。
ルームメイト：サッカーはどうだい。今夜はゲームがあると思ったけど。
ジョー：おおそうだ。今始まったばかりだ。早く、チャンネルをＢＢＣ１に替えてくれ。
ルームメイト：（画面に奇妙な線があらわれる）
　　　　　　　　　やだな。また故障だよ。
ジョー：こういうとき、やることはひとつさ。
ルームメイト：なんだい、そりゃ？
ジョー：パブにすっ飛んで行って、そこで見る。
ルームメイト：まったく天才だよ、おまえは。

Section F:
Day Trips & Holidays

ロンドンの最新情報
http://www.honmanoLondon.com

セクションF：日帰り旅行

22 6つのプラン：Six day trips

■ここでは次の6カ所を紹介します

① バース Bath
  ローマのお風呂、とはいうものの温泉ではない…

② ブライトン Brighton
  石のビーチ、エレガントなクラフト、風変わりな生活…

③ ケンブリッジ Cambridge
  深い思索と軽い遊び…

④ マーロウ Marlow
  すばらしい景色と健康的なハイキング…

⑤ ストラットフォード・アポン・エイヴォン Stratford-upon-Avon
  シェークスピアの劇場、昔風の喫茶店、パブ…

⑥ ストーンヘンジ Stonehenge
  大昔の宗教、僧侶とヒッピー…

🖥 リンク
  http://www.demon.co.uk/cgibin/GRA/guideindex.pl　UKガイド
  http://www.knowhere.co.uk/index.html　UKガイド
  http://www.streetmap.co.uk　オンライン地図
  http://www.uktravel.com/index.html　UKガイド

Section F: Day Trips & Holidays

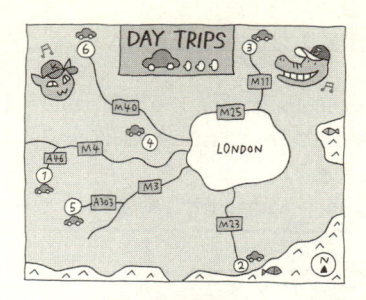

"いつもロンドンがいいといっていたのに、どうして出かけるの?"

イギリスの偉大な文学者、ジョンソン博士はかつてこう言った。「ロンドンに飽きた人は、人生に飽きた人である」。まったくそうかもしれない。しかし彼は警笛が鳴り響き、息のつまる大気汚染や込み合う電車の時代に生きた人ではなかった。

どんなにあなたが都会が好きでも、心と体をときほぐし、視野を広げるために、都会を逃げ出す必要のある時が来るだろう。あるいはボーイフレンド、ガールフレンドと一緒に一晩を過ごすロマンチックな場所を求めたくなるかもしれない。

ここに紹介するのは、いずれもロンドンから3時間以内で簡単に行ける、楽しくて魅力的な6つの町だ。あえてお城や寺院・聖堂の紹介をさけて、新鮮な空気とすてきな眺め、そして古き良きパブなどに話を絞ってある。こうした町へは電車のほうが早く行けるが、4人以上のグループならレンタカーのほうが経済的だろう。(181頁参照)

セクションF：日帰り旅行

バース／Bath

■交通
電車：パディントン駅　Paddington station から1時間15分
バス：ヴィクトリア・コーチ・ステーション Victoria coach station から3時間20分
車：M 4（ジャンクション18）、A 46経由で3時間

"えーっ？　イギリスに温泉だって？"

　いやいや、そういう期待はしないでほしい。日本から来る多くの人をガッカリさせるのは残念だが、町の名にもかかわらず、ここには営業しているいわゆる温泉はない。
　しかしここの地下からは46.5°Cのお湯が毎日百万リットル以上も湧き出している。ではイギリス人はこの素晴らしい天然資源をどうしているかというと、歴史的遺産のひとつとして利用しているのだ。温泉好きが聞いたら泣きたくなる話だ。

"じゃあ、そこへは何しに行くの？"

　この話でガッカリしなければ、バース Bath はおそらくイギリスでいちばん美しい町で、世界遺産 (World Heritage Site) に登録された唯一の町でもあるから、間違いなく訪ねてみる価値はある。
　イギリスのどこもがこのようであってほしいものだが、エレガントな町並み、形の美しい橋、昔ながらの素敵なパブなどが、ひときわ美しく波打つサマーセット Somerset の田園の中におさまっている。

Section F: Day Trips & Holidays

"見所はどこ?"

　まず見るべきところはローマン・バス・ミュージアム Roman Bath Museum だ。2,000年もの間、驚くほどよく保存されてきたこの遺跡をめぐってみると、古代ローマ人が、偉大な文明の証である風呂をいかに愛していたかがわかる。

　隣にはポンプルーム Pump Room (鉱泉水飲み場) があって、そこで温かい湧き水を味わうことができる。とかく健康に良いと言われるものはたいていそうだが、この水の味もまずい。しかしポンプルームでは、その後味を消してくれる素晴らしいティーを出してくれる。

"そのほかには?"

そのほかにも服飾博物館、お酒の醸造所、そして比較的安い料金で乗馬を楽しめる厩舎など、ゆっくりくつろげる素敵なところがたくさんある。しかし、バースのいちばんいいところは、歩き回るだけで気持ちよくなれることだ。

　小さな横丁にはおもしろい店や大道芸人があふれている。ロイヤル・クレッセント (The Royal Crescent) やザ・サーカス (The Circus) など、バース特産の砂岩で造られたジョージ王時代 (Georgian era) の建築物の精華を前に芝生に寝転がって日光浴もできる。"壁の穴" (The Hole in the Wall) のようなおいしいレストランもある。一杯やりたくなったらサラセンズ・ヘッド Saracen's Head やキュール・ド・リヨン Coeur de Lion に立ち寄ればいいのだ。

セクションF:日帰り旅行

"もう少し長くいるなら?"

　もし週末までいられるのなら、観光バスで丘陵地帯にあるカッスル・コーム Castle Combe を訪ねてみるべきだ。

　何百年もの時の中に凍結されてきたワラぶき屋根の家々があふれ、まったく信じられないほどの美しい村だ。ここでは何もすることがない、しかしそれがたまらなく魅力的なのだ。

🖳バース情報

http://www.bath.co.uk/
http://www.smoothhound.co.uk/tourism/bath/baths.html

Section F: Day Trips & Holidays

ブライトン／Brighton

■交通
電車：ヴィクトリア駅 Victoria Station から50分
バス：ヴィクトリア・コーチ・ステーション Victoria Coach Station から1時間50分
車：M23、A23経由で1時間20分

"取り合せが変わってるって？"

　その通りだ。この浜辺の町はこれまでずっと、健康のために海の空気を求めるロンドンっ子たちや、日帰りの家族、あるいは恋人と dirty weekend（※）を過ごす人たちが一番に選ぶところだった。でもここは単なる休日用のリゾートじゃない。

　旅行客が来るのはもちろんだが、ヒッピーやアーティスト、ゲイ、その他有名人などが活気のあるコミュニティをつくっている。品はよくないが楽しい休日向けのアトラクション、魅力的なショッピングエリア、印象的な建物、そして賑わうパブやクラブ、レストランもある。

"素敵な砂浜を期待してるんだけど…"

　そりゃ無理だ。水着はぜひ持って行くべきだけど、ブライトンの海岸は小石やごろた石ばかりなので、残念ながら砂のお城はつくれない。根っからの地元の人は、小石に砕ける波の音がファンタスチックだから砂浜よりもいいと言う。でも客観的な立場から言うと、小石は足につらい。

　イギリス海峡のこの辺りの水質は最近よくなってきている

セクションF：日帰り旅行

けど、水温は相変わらず年中低い。しかしたとえ海に入らないにしても、ビーチサイドには行ってみるべきだ。そこには大道芸人やそのほかのストリート・エンターテイナーがいるし、たくさんのかわいいパブやクラブ、そして美術品やクラフトを売っている露店がある。

"ところで、イギリス人はどうやって休日を過ごすの？"

パレス・ピア Palace Pier に行けば、伝統的なイギリス人のちょっと下品な休日の楽しみ方の見本がある。そこには巡回見せ物やビデオゲームのアーケードがあり、そして占い師たちがいる。

本当にここの気分に浸りたかったら、フィッシュ&チップスを食べ、綿菓子 (candy floss) や氷砂糖の固まり (rock) をほおばり、そして友だちに送るスケベな (saucy) ポストカードを買ってみなくてはならない。

"面白そうだけど、でも…"

もしこれがご趣味に合わなければ、ブライトン・パビリオン Brighton Pavillion に行ってみよう。中国風・インド風・ゴシック風が渾然一体となったすごい建物で、ライトアップされた夜景には感動する。

お店をのぞくぶらぶら歩きがお好きならザ・レーンズ The Lanes がおすすめだ。工芸品やアンティーク、装飾小物を売る店がひしめいている。ノース・レイン North Laine にはストリート・ファッションとレコード、CD等の店もある。

Section F: **Day Trips & Holidays**

"パブの話はどうしたの？"

　今それを言おうとしてたところ。ブライトンとその近辺のちょっと上流志向の町々はお酒を楽しめる店でいっぱいだ。
　地元の人が言う「10軒おきにパブがある」—は大げさすぎるが、おそらく1年中、毎日違う店で飲めるくらいの数のパブがある。町でいちばんの盛り場はクリケッターズ Cricketers とリージェンシー・タバン Regency Tavern だ。

🖳 ブライトン情報
http://www.brighton.co.uk/
http://www.brighton-festival.org.uk/
http://tourism.brighton.co.uk/
http://www.brightonlife.com/info/attractions.html

※ dirty weekend は、もともとセックスを目的とした恋人との旅行を意味し、50年代のイギリスで、清教徒的な雰囲気の中で使われるようになった。当時は未婚のカップルのセックスは不道徳あるいは汚らわしいものと思われていたが、最近ではかなり軽い意味で使われている。

💡 ちょっとひと言/Tip
　ブライトンは、国内で2番目に大きなアート・フェスティバルがあることで知られている。5月の第2週に行われるストリート・パフォーマンスに行ってみよう。

セクションF：日帰り旅行

ケンブリッジ／Cambridge

■交通
電車：キングス・クロス駅 King's Cross Station から50分
バス：ヴィクトリア・コーチ・ステーション Victoria Coach Station から1時間50分
車：M11（ジャンクション11）経由で1時間25分

"聞いたことあるわ。インテリたちが勉強しに行くところでしょ？"

まあそうとも言えるけど、ここはかつてあのアイザック・ニュートン Isaac Newton からウィトゲンシュタイン Wittgenstein まで、いろんな人たちが思索を練ったところだ。何か心に抱えたものがあるなら、魅惑的なたたずまいのこの古い大学町でゆっくり考えてみてはどうだろう。

もっとも、あまり考え込んでボーッとしてちゃいけない。気をつけないと、横丁から鉄砲弾のように飛び出してくる学生たちの自転車にひかれてしまう。

"ケンブリッジは皇太子妃の雅子様が勉強されたところだっけ？"

やっぱり勘違いしてるね。でも大学町という点では近いかな。雅子様はオックスフォード Oxford にしばらくいらした。オックスフォードは、昔からイギリス国内はもとより、世界の知性を惹き付けてきたもうひとつの古い大学町だ。どちらの町の大学も700年以上の歴史がある。

2つの大学は、特にスポーツの分野でお互いにすごいライ

バル意識を持っていて、毎年4月にオックスフォード対ケンブリッジのボートレースの対抗戦がテムズ河で行われるのが慣例になっている。ほとんどの観戦客は、レース結果で賭けをしたので見ているか、あるいはボートが転覆するのをひそかに期待しながら見ているといわれるが…。また、ボートはたまに沈むことがある。

　2つの大学町はこの対抗戦に真剣になりすぎて、時にはチーム強化のためにアメリカ人のセミプロの漕ぎ手を紛れこませるというズルをやることもあるくらいだ。ケンブリッジでは、本物の大学ボートチームがカム川 River Cam で練習する風景を見ることができる。

"私もボートに挑戦できるかしら？"

　日帰り旅行客には本格的なボート漕ぎは無理だ。でもパント punt という小さな平底の舟を借りれば川遊びを楽しめる。暑い夏に、冷えたワインがあって、気の合う仲間がいて、岸に柳の木が続く川をのんびりと漂う―それがケンブリッジでの楽しみ方。

　これはケンブリッジ大学に行っていた僕の友だちから聞いたんだけど、夕方、カップルたちに借り出されるパントはまったく違う目的に使われるらしい。―おっと、これは全然違う話だったかな。

"陸の上にいたい人にはどんなお楽しみがあるの？"

　丸石の敷かれた通りを歩き、教会の尖塔や古い大学の建物、例えば1284年に建てられたポーターハウス・ホール

セクションF：日帰り旅行

Porterhouse Hall や、ヨーロッパでもっとも洗練されたゴシック建築のひとつといわれるキングス・カレッジ・チャペル King's College Chapel などを2、3時間かけて見て回るのも楽しい。

歴史に興味がある人なら、トリニティ・カレッジ Trinity College の側にある木を見たら興奮するに違いない。この木はニュートンの頭の上にリンゴを落とした木の直接の子孫なのだ。もちろん小ざっぱりしたパブもある。おすすめはザ・ミル The Mill とジ・イーグル The Eagle だ。

少し変わったことがしたいなら、セント・ジョン・ストリート St. John Street にあるラウンド・チャーチ Round Church でブラス・ラビング (brass rubbing) というのはどうだろう。これはイギリスのオタクたちがやる伝統的な楽しみ。どうするかというと、教会にある真鍮の記念プレートに白い紙を当ててその上を鉛筆でこする。要するにプレートの拓本取りだ。どう、おもしろそうだろう。

"そんなに変わったところじゃ、ついていけないかも"

心配しなくていいよ。時間があったら、町の中心部を離れて歩いてみよう。15分もすると学生の姿は見られなくなり、代わりに牛や羊や豚の姿が見え始める。そこはイースト・アングリア East Anglia （アングロ・サクソン時代の東アングリア王国のこと。アングリアはイングランドのラテン語名）の世界だ。豊かな農地と無数の風変わりな村々、古い教会とひなびたパブが待っている。ロンドンっ子からすると、ここの人たちの話し方はゆっくりで、なんだか奇妙に思える。で

も彼らの中に溶け込むと、前の日に無意味な競争で突き飛ばされながら満員の地下鉄に乗っていたことなど、きっと忘れてしまうだろう。

🖥ケンブリッジ情報

http://www.cambridge.gov.uk/leisure/tourism.htm

http://www.mushroompublishing.com/maps/cambridge/caminfo.html

http://www.cambridge-news.co,uk/tourism/

セクションF：日帰り旅行

マーロウ／Marlow

■交通
電車：ウォータールー駅 Waterloo staion から45分
バス：ヴィクトリア・コーチ・ステーション Victoria Coach station から1時間
車：M40経由で40分

"マーロウなんて聞いたことないけど…"

ここはとても美しいところだ。あまりツーリストの群れは見られないが、テムズ・ヴァレー Thames Valley に広がる絵のような景色の中におさまり、リゾートとしてのすべての美しさを備えている。

この景観豊かな小さな町がしばしばガイドブックから落ちている理由は、おそらく有名な建物や博物館といった目玉がないからだ。しかしここは、歩くにしろボートを使うにしろ、テムズ河沿いをめぐるには絶好のスタート・ポイントなんだ。

"えっ、休暇を楽しむのに歩かなくちゃいけないの？"

まあ、落ち着いて。手漕ぎのボートを借りることができるよ。もしその程度の運動も苦手だったらモーターボートもある。船でテムズ河を探険すると、お腹を空かして鳴くアヒルや、鳴きはしないが同じように食欲旺盛な白鳥の群れを見ることができる。

白鳥の沈黙を"お高くとまっている"と誤解してはいけない。テムズ河のシンボルである白鳥は、じつは鳴かない

(mute) 鳥なんだ。仲よくするのはいいけど、くれぐれも白鳥とケンカしないように。白鳥はとてもタフな鳥で、翼で人の腕をへし折ることもできるんだから。

　まさかそんなことはしないと思うが、もし白鳥を殺しでもしたら大変だ。イギリスの子供たちはみんな親から、白鳥は王室の鳥だと教えられている。白鳥を殺すことは女王への反逆行為だ。そして反逆罪の刑罰は絞首刑と決まっている。ちょっと信じられない話だと僕も思うよ。なぜって、イギリスではこの半世紀の間に死刑はなかったんだから。でもとにかく話としてはおもしろいだろ。

"話が横道にそれて (wandering) ばっかりいるのね…"

　マーロウでする最高のことはそれ (wandering) さ。散歩を楽しむ人のために、1996年に散策路としてテムズ河の全域に開かれた小道は、テムズ・パス Thames Path の一部になっている。

　イギリス人は歩くことが大好きで、熱烈なハイキング好きたちは、私有地だろうと王室の土地だろうとかまわず、そこを通行する権利 (right of way) のために闘ってきたのだ。マーロウからの道は森に包まれたチルターン・ヒルズ Chiltern Hills の景色の中へと続いている。春には、川岸がアイリスやマリーゴールドの輝く黄色に満たされる。夏のメインカラーはヤナギランのピンクだ。運がよければ、イタチやウサギ、ミズハタネズミの姿を見かけることができる。

セクションF：日帰り旅行

"あなたがそんなに詩的になれるなんて…"

そうさせるのは花々や動物たちじゃなくて、新鮮な田舎の空気なのさ。道は泥でぬかりやすいから、ウェリー (wellies=wellington boots) かハイキング・シューズをはいたほうがいい。「ゲートを開けたら閉めること」という田舎を歩くエチケット（カントリー・コード country code）も必ず守るんだ。

さもないと角を立てた牡牛や怒った農夫たちに追いかけられることになる。もしこうしたやっかいごとがいやなら、ボートで川沿いのパブからパブをめぐる旅をのんびり楽しもう。

"マーロウがクレージーに盛り上がることはないの？"

クレージーというのはちょっと大げさかもしれないけど、6月半ばのレガッタ競技の時期、マーロウはお祭り気分に包まれる。川はレース用のボートであふれ、町の住人たちはほどんど酔っ払った見物人と化す。

もしこの楽しみに加わりたかったら、その前に一杯ひっかけるのに最適のパブは、ツウ・ブルーワーズ Two Brewers だ。

"ほかに何か見るべきものは？"

ああ、もちろんあるさ。ボートでちょっと川を下ると、ビシャム修道院 Bisham Abbey が見えてくる。

ここはかつてフットボール協会（Football Association）の強化スクール(school of excellence)だったこともある。

―― Section F: *Day Trips & Holidays*

スーパースターのマイケル・オーエン Michael Owen も、かつてここでトレーニングをしていた。

　もしこれもお気に召さないのなら、ウィンザー Windsor まで下って、古い王室の歴史を訪ねてみよう。そこでも白鳥にやさしくするのを忘れないで。さもないと物々しく武装した女王陛下の警備兵に土牢に放り込まれる‥‥かもしれない。

🖥 マーロウ情報

http://www.marlowtown.co.uk/marlleis.html
http://www.nationaltrails.gov.uk/thames/thpsub5.htm

セクションF：日帰り旅行

ストーンヘンジ／Stonehenge

■交通
電車：ウォータールー駅 Waterloo Station から１時間30分
バス：ヴィクトリア・コーチ・ステーション Victoria Coach Station から２時間45分
車：M３（ジャンクション８）、A303経由で２時間30分

"大きな古い石のあるとこでしょ？"

　きっとあなたは知ったかぶりをしない名人か、あるいはほんとに物を知らない人だね。ストーンヘンジ Stonehenge は単なる古い石の集まりなんてものじゃない。先史時代の巨大なストーン・サークル stone circle はいまだに解けない世界の謎だ。

　古代の信仰の中心地。考古学上の宝物。ここを訪れる人たちは、地球ばかりではなく、銀河系に広がる生命の不思議さに心を奪われてしまう。そういうところなんだ。

"ちょっとオーバーじゃない？"

　まあ、そうかもしれない。ソールズベリー平原 Salisbury Plain を渡って吹く刺すように冷たい風にさらされて、感動するどころか「何、これ？」とがっかりする人がいる一方で、3,500年以上前に存在した文明の土木や天文学の技術に畏敬の念を抱く人もたくさんいる。

　今日のイギリス人が電車を時刻通りに走らすことさえできないことを考えると、こんな昔にわれわれの祖先が25トンもある石を運び、太陽や月の動きを記録するために数学的正確

さでその位置を決めることができたのは、まったく驚くべきことだ。

"もしかしたらエイリアンの助けを借りたのかも"

　素晴らしい想像力だね。でもそう思っているのはあなただけじゃないんだ。よく知られているひとつの説に、この石はエイリアンの宇宙船の着陸基地だというものがある。

　約10年前にイギリスの多くの農場の小麦畑にクロップ・サークル crop circles が出現した時にこの説が広まった。こうしたサークルは火星人がつくったといわれたが、実はその多くがエセ芸術家やお騒がせ屋の仕業だとわかった。しかし、ストーンヘンジそのものが本物であることはだれも疑っていない。

"じゃあ、だれが、何のために造ったの？"

　いい質問だけど、残念ながら明確な答えはない。最初のヘンジ（サークルの盛り土）は5,000年前に造られ、大きな石はそれより2、3千年後に運ばれている。つまりストーンヘンジは長年かけて造られたのだ。

　伝説ではアーサー王 King Arthur の時代の戦死した貴族の墓所だと言われている。多くの人はキリスト教改宗前の僧侶 (druids) たちによって、太陽を崇拝する目的で造られたと信じている。考古学者はこのどちらの説も誤りだと言っているが、彼らもいまだに説得力のある説明ができないでいる。

セクションF:日帰り旅行

"もしかして、古代のサッカー場だったんじゃない?"

やっぱりきみは天才だ! なるほど石の形はサッカーのゴールのようだし、なんたってイギリス人はサッカーが好きだからね。しかし考古学者はまだ石のボール1個も発見していない。

"ストーンヘンジを訪ねた印象を友だちにどう伝えたらいいかな?"

生命の不思議や人間の知識の限界について語り、古代の歴史を目のあたりにしたときどんなに感激したかを話せばいいんじゃないかな。

その中に何げなくサラセン・ストーン Saracen Stones(もっとも大きな石の名前)とか、メガリスィック Megalithic(大きな石、あるいは下手なヘビィメタル・グループを表す形容詞)といった言葉をほおり込めば、友だちはあなたを感受性の鋭い天才だと思うことだろう。

"いつ行くのがいいのかしら？"

　ヒッピーたちが言うように、ストーンヘンジの最高の日は夏至の日だ。その日はサークルの外側に置かれたヒール・ストーン (heel stone) の真後ろから太陽が昇る。

　毎年その日には、現代のにわか僧侶たち (modern day-druids) が自然をたたえる儀式を行おうと遺跡の近くに集まる。立ち入り禁止の遺跡に近付こうとして拒否された彼らが警察と衝突する事態もしばしば起こる。

🖳ストーンヘンジ情報
http://www.amherst.edu/ ermace /sth/links.html
http://unmuseum.mus.pa.us/stonehen.htm.

セクションF：日帰り旅行

ストラットフォード・アポン・エイヴォン／Stratford-upon-Avon

■交通
電車：パディントン駅 Padington Station から2時間10分
バス：ヴィクトリア・コーチ・ステーション Victoria Coach Station から2時間45分
車：M40（ジャンクション15）、A46経由で2時間30分

"ありきたりの旅行ガイドはしないと思ってたのに"

これだけは別さ。だれしも弱みはあるが、英文学の先生に洗脳されたおかげで、ウィリアム・シェークスピア William Shakespeare の生まれ故郷であるストラットフォードは完全に僕の一部になっているのだ。

ぼくの受けた教育は普通とそう変わってはいない。中学で3年間、ハムレット Hamlet、マクベス Macbeth、そしてジュリアス・シーザー Julius Ceasar を読み、リア王 King Lear、オセロ Othello、そしてロミオとジュリエット Romeo and Juliet を高校で2年間やった。そのほかの Bard (Bard of Avon＝エイヴォンの 歌人。シェークスピアのこと) の作品は大学に入ってからだ。

もちろん、ぼくもシェークスピア自身がこうした戯曲を書いたのではないという説を聞いたことがある。しかし僕には彼を尊敬する気持ちがプログラムされ、たたき込まれているんだ。

ぼくは教会に対して不信心、女王に対して不忠誠、国家に対して愛国心を失える。でもどうか聖なるミスター・シェー

クスピアに関する皮肉なコメントを僕に求めないでほしい。そしてまた、もしそこが観光客を食い物にするところであったとしても、彼の生まれ故郷の町に関しても同様に願いたい。

"でも、彼は400年近くも昔の人でしょう？"

まあ、肉体的な意味ではあなたの言う通りだ。しかし彼の文学は生きている。ロンドンでは常に、少なくとも5つのシェークスピア作品がどこかで演じられている。

人気があるのはエリザベス朝にできた、テムズ河畔のグローブ座 The Globe だ。ストラットフォードでは、ほとんど毎日、ロイヤル・シェークスピア劇場 The Royal Shakespeare Theatre で演じられている。しかしたいていのイギリス人がシェークスピア時代の英語を理解するのに困難を感じるのだから、ネイティブでない人たちにはセリフは理解不能だろう。しかしもし実際に演劇を見て理解できれば、どんなハリウッド映画よりも数段満足できるはずだ（と、信じるようにぼくはプログラムされてきた）。

"ところで、シェークスピアはどこに住んでいたの？"

シェークスピアが暮らしたところの多くは、文学愛好家のために当時のまま保存されてきた。町の中心部のヘンリー・ストリート Henley Street に彼の生まれた家がある。彼の最後の住まいニュー・プレイス New Place の基礎跡は、チャペル・ストリート Chapel Street に面したナッシュ・ハウス Nash's House の庭にある。

しかしもっとも有名な歴史的建造物のハサウェイ・ハウス

セクションF：日帰り旅行

Hathaway House は、町の中心から約2.5キロのところにある。そこで若きウィリアムは、未来の妻、アン・ハサウェイ Anne Hathaway を口説くために言葉の魔術を駆使したに違いない。そこから5.5キロのところに、シェークスピアの母親の少女時代の家、メアリー・アーデンズ・ハウス Mary Arden's House がある。

"また歩き回る話ばかりして！"

ごめんごめん。あなたが体を動かすのが苦手なことを忘れていた。もちろん歩かなくたっていい。定期的に走っている観光客用の屋根なしダブルデッカー（2階建てバス）で、素晴らしい田園風景と、すがすがしい新鮮な空気を味わえる。

車があればずいぶん違う。あちこちに点在する工芸品や農場生産物の店に車を止められる。夏なら自転車を借りればもっと楽しい。もしあなたのさびついた足でペダルを踏むことができれば、だけれども。

"嫌味はけっこうよ。シェークスピア以外に何があるの？"

ストラットフォードはイギリスの史蹟観光産業の中心のひとつだ。つまりここでは細い踏み分け道、アンティーク・ショップ、白いレースのテーブルクロスのレストラン、ティーとダブルクリームのスコーンを売っている店、そして、Ye Olde（※）... で始まるいろいろな店の看板などが見られるというわけだ。

ここは800年の歴史を持つマーケットのある町でもある。

Section F: Day Trips & Holidays

金曜日に行けば、日計り商いをする今風の露店をめぐることができる。名前が示すように、町はエイヴォン川 The River Avon に面している。ボートを借りることもできるし、川岸の広大な緑の上に腰をおろすこともできる。バンクロフト・ガーデンズ Bancroft Gardens として知られるロイヤル・シェークスピア劇場と川の間の地域にはよく大道芸人が集まる。軽い食事をしたり冷たい飲み物をやる絶好の場所でもある。もちろん洗練されたパブもあり、中でもおすすめはザ・ダーティー・ダック The Dirty Duck とザ・ギャリック The Garrick だ。

"もし1日以上いたら、近くで見れるものは？"

ダーティー・ウイークエンドを計画しているのかい？ ごめん、余計なお世話だった。もちろんあなたの心を豊かにしたり、恋人を感激させるスポットはいくつかある。

南には日本でブームになっているイングリッシュ・ガーデニング発祥の地として知られるコッツウォルズ Cotswolds の丘がやさしくうねって広がる。西にはモールヴァーン Malvern の険しい景色だ。ここではあえて名前を挙げない原則になっているが、有名なお城や館もその辺りに見つけることができるだろう。

※ Ye Olde は14〜15世紀の古い英語で、The Old と同じ意味。かつてはアルファベットは現在の26以外にもうふたつあり、そのひとつが変形の y で th の発音をしていた。こういった看板は、昔のイギリスを売り物にしている観光

セクションF：日帰り旅行

地だという目印になっている。

🖥 ストラットフォード情報
http://www.stratford-upon-avon.co.uk/
http://www.mushroompublishing.com/maps/stratford.html

Appendices
付録

ロンドンの最新情報
http://www.honmanoLondon.com

1. コックニー／Cockney

"おかしな響きの言葉ね"

　コックニー Cockney は古語での雄鶏の卵 cock's egg を意味するコケナイ cokeney からきているらしい。言語学者によると、ロンドンっ子の話し方あるいはロンドンっ子そのものもふくめて、田舎の人たちが都会の人の奇妙なさまを表現するのにこの言葉が使われた。

"ロンドンっ子はみんなコックニーなの？"

　簡単に言うとイースト・エンド East End のワーキングクラスがコックニーということになるけれど、いったいだれがコックニーなのかは大いに議論のあるところだ。伝統的な狭い定義では、「ボウ・ベルの音が聞こえるところで生まれた人 born within the sound of Bow Bells」がコックニーということになっている。ボウ・ベルとは、チープサイド・ストリート Cheapside Street にあるセント・メアリー・ル・ボウ教会 St. Mary-le-Bow の鐘のことだ。しかし今ではそこに暮らす人はほとんどいないので、ショアディッチ Shoreditch、ハックニー Hackney、ランベス Lambeth、トテナム Tottenham までがその範囲にふくまれている。手っ取りばやくコックニーを知りたかったら、BBCテレビで夕方にやっているドラマ「イーストエンダーズ Eastenderds」を観るか、あるいはペチコート・レーン Petticoat Lane かブリック・レーン Brick Lane のマーケットに行ってみよう。

"あなたはどうなの？"

僕はノーフ・ルンデン Norf Lunden (North London) の生まれだけど、発音はコックニーに近い。後で見るように、子音を殺してしまうのがコックニーのひとつの特徴だ。特にtとdの音は単語の途中で消えることがあって、water（ウォーター）が wo-a（ウォア）になってしまう。また、日本人が悪戦苦闘している th の音は f に変わるから、例えば、I don't think so. が、I don fink so. になったり、bath が baf になる。もっとも有名なのは単語の最初にくる h の扱いだ。ほとんどの場合 h の音を落とすから、he's a heavy horse は eez an evi ors になる。ところがアルファベットのHの文字を読むときは h の音を発音する。だから、ほかのイギリス人や英語を話す国の人は aitch と発音するのに、彼らは haitch と発音する。

こうしたことを反対から言うと、もしあなたが、就職の面接や女王陛下に拝謁するときにハイ・クラス出のように思わせたかったら、舌が痛くなるくらいむりやりに、すべての子音を明確に発音すればいいというわけだ。

"コックニーのふりをする簡単な方法はない？"

たぶんいちばんいい方法は、話す途中に right、you know、sort of といった言葉を入れて味つけすることだ。例えば、I was at home, right, when he came in and, you know, started sort of complaining about the cooking. といったぐあいだ。

「マイ・フェア・レディ」にコックニーの発音を直すシー

ンがあるが、コックニーのキーになる言葉もいくつかある。たとえばカッコ内が普通の言葉。loo (toilet)、caff (cafeteria)、 parky (cold 気候に関しての意味で)、Old Bill (police)、 up the spout (broken)、boozer (pub)などだ。どこかに行く going to と言う代わりに、nip up、nip down を使うとコックニーらしく響く。

"ライミング・スラングって、どういうもの?"

　これがもっとも有名でおもしろいコックニーの特徴なんだ。一説によると、これは数十年前まで世界有数の港町だったイースト・エンド East End の密輸業者や泥棒その他の悪党仲間の間で広まったといわれ、彼らが自分たちの会話を警官に知られないようにするために使ったある種の暗号のようなものだったそうだ。

　ライミング・スラング rhyming slang という呼び方からわかるように、これは脚韻の連想からできている。ある言葉の代わりに、同じ音で終わるフレーズを使うんだ。例えば feet を plates of meat にするように。しかしたいていは前の plates だけに縮めたものが使われる。ライミング・スラングの元のフレーズと、それを使った表現の例をいくつか挙げよう。

Head=Loaf (loaf of bread から)
　　　Use your loaf! (頭を使えよ!)
Suit=Whistle (whistle and flute から)
　　　That's a smart new whistle you're wearing.

(いいスーツ着てるじゃないか)
Look=Butchers (Butcher's hook から)
   Take a butchers at this picture.
(ちょっとこの絵を見てくれよ)
Hair=Barnet (Barnet Fair から)
   Get your Barnet cut, you scruffy hippy.
(床屋に行け、きたないヒッピーめ)
Wife=Trouble (trouble and strife から)
   My trouble has left me. (かみさんが出て行っちゃった)

"これぞコックニーという見本を見せて！"

発音するだけでもたいへんだろうけど、こんなのはどうだろう。

The plumber ad a butchers at the loo in the ows, but it was a bit parky and the eeting was up the spout so e nipped down the boozer.

"ごめん、何って言ったの？"

普通の話し方だとこうなる。

The plumber looked at the toilet in the house, but it was cold and the heating was broken so he went to the pub.
(配管工がその家のトイレを見ると、寒いのに暖房器具が壊れていたから彼はパブに行っちゃった)

2. ののしり言葉／Swearing

危険、扱いに注意！
侮辱語の階層／Insult Hierarchy

Cunt

Fucker
Wanker
Bollocks brains

下品

Shithead
Piece of Piss
Arsehole
Old Fart

Prick
Knob
Tit

かわいい

Damn fool
Bloody idiot
Silly billy

"あれこれと、ずいぶんたくさんあるのね"

 まったくその通り。ロンドンっ子は驚くほどたくさんの汚い言葉を使う。日本語に比べると、ののしり言葉の数はめまいがするほど多い。英語が世界の支配的な言語になったのは、汚い口ゲンカやきつい話し方に向いているせいではないかとさえ思える。

"ののしり言葉はタブーだと思っていたけど"

 ザ・セックス・ピストルズがテレビの生放送でFuck、Piss、Bloodyなどの言葉を使ってスーパースターになった1977年以来、世間の態度はだいぶ変わってきた。当時はショッキングだったので、多くの新聞の一面をにぎわしたが、今日は、まったく取り上げられもしない。9時過ぎなら子供が見ていないからほとんどはOKというわけだ。

"こんなの学校で習った覚えはないわ"

 こういう言葉はうまく使えば、仲間うちでは楽しいし、敵に対しては効果的だ。しかしこの両極端の間に大きなグレーゾーンがあって、そこは経験から学ばなければならない。いちばん安全なのはののしり言葉を一切使わないことだ。特に就職の面接や、ボーイフレンド（ガールフレンド）の両親に初めて会うときには。

 Swearには2つの意味がある。もともとはpledge、つまり何かを"約束する"という意味だった。そういうことをするとき、人は自分が純粋で真剣であることを示すため

に証人として神を持ち出した。今日、そうした起源は驚きをあらわすときのソフトな Swear words に見ることができる。例えば、Struth! は、By God's truth! から来ているし、Gor Blimey! は、May God Blind Me! から来ている。

この裏返しが怒りや欲求不満を表すために使われる悪態で、例えば Damn! (地獄に堕ちろ) とか、Bloody Hell には悪魔や地獄が出てくる。こうした言葉は本来の意味や力を失っているが、実に広く使われている。Bloody はある言葉や感情を強調する方法として、特にイギリスではよく使われる。例えば、It's bloody cold today. のように、文章のどこにでも入るし、例えば、It's un-bloody-believable. のように単語の途中にも入る。

ほかに侮辱語 (insults) があるが、これにはきちんとした階層がある。いちばん下の層は、相手のバカさ加減のほのめかしだ。例えば、idiot（おろか者）、moron（低能）、numbskull（ぼんくら頭）、halfwit（まぬけ）、thickhead（愚鈍）、Silly billy（のろま）などだが、ほかにもまだまだある。これらの言葉はソフトなのでほとんどカワイイ部類だ。これは"バカ"、"ボケ"といった、似たような日本語と比べると、日本語のほうがかなり意味が強いようだ。

この違いには2つの理由が考えられる。ひとつは、日本人は礼儀正しいので侮辱語の階層の幅が小さいことだ。もうひとつは、イギリス人は知的な面よりも肉体的な部分を強調するからだと思う。そこからすべてのきわどいののしり言葉が生まれている。

どういうわけか、体の部分や機能に関するワイセツな言

葉のほとんどが四文字つづりだ。ののしり言葉を"四文字語 four-letter-word"というのはそこから来ている。

もちろん体の部分や機能に関する汚い言葉にも階層がある。いちばん下の層は bum（お尻）、少し強いのが arse（おケツ）だ。同じように使われる fart（屁）、crap、shit（うんち）には汚いとか役に立たないというふくみがあり、shit は crap より下品。ところで Piss（おしっこ）は例えば、piss head（のんべえ）、to be pissed（酔っ払った）のように、たいていアルコールに関して使われる。

女性の胸に関する言葉、例えば、tit や boob は、どちらも失敗などした時に、かなり抑えたののしり言葉として使われる。女性の胸は、子供とも関係するものだから、いかがわしいものとは受け取られない。イギリス人は子供のことに関しては真面目なのだ。ののしりの程度が高くなるが、対象となる体の部位は低くなるものに、男性の性器に関する侮辱語がある。なぜか bollocks（タマ）と balls（タマ）は、何か失敗した時や、役に立たないもの、信じられないことに対して使われる。例えば、The film was a load of old bollocks.（あの映画はヒデェもんだったよ）とか、Balls! I dropped my cup.（しまった、カップを落としちまった）というように。bollocks は ball よりも強い。

ペニスを意味する汚い言葉は実にたくさんある。pecker、todger のような er で終わる長めの単語はかわいい部類だ。dick、knob、prick のような短い単語は、特に、you dirty cock sucker のように、little（ちっこい）、

sucker（なめる） などと一緒に使われると侮辱的なふくみがかなり強くなる。

　映画の検閲係は、この辺まではとうにチェックしている。しかし次の段階では、彼らはチェック用の鉛筆を削り始める。次の段階はセクシュアルな行為に関するものだ。何かを強調するために、toss、wank が使われる。どちらも男性のマスターベーションを意味するが、なぜか女性のそうした行為を意味する frig はほとんど使われない。shag や fuck（エッチする） も同じように使われる。

　おそらくFuck は英語の中でいちばん忙しい言葉だろう。これは Fuck me（驚きをあらわす）のように動詞として使われる。 I don't give a fuck.（軽蔑をあらわす）のように名詞で使われる。命令形で、fuck off（出ていけ）でも使われる。It was fucking good.（とても素晴らしかった）のように形容詞としても使われる。そして、He is a silly fucker!（やつはまったくバカな野郎だ）のように、人をあらわす場合にも使われる。

　まだまだあるけれど、ののしり言葉はもうこの辺で十分だろう。

"ちょっと待って、もっと強烈なのがあるって聞いてるけど"

　ああそうだね。それは女性の性器に関する四文字語だ。あまりにひどく強烈で不快だから、多くの人はたとえジョークでも口にすべきじゃないと言っているが、僕はそれは性差別じゃないかと思う。それらも prick や dick と同じ

に扱われるべきだろう。こちらを 2 回出したから、公平という意味で、あちらも同じにしよう。cunt、cunt。

"最後に、ののしり言葉の決定版は？"

よろこんで。もし本当にだれか頭にくるやつがいたら試してみるといい。

You dirty little cock-sucking, mother-fucking wanker.

相手は笑い出すか、あるいはあなたがベコベコになるまで殴りつけてくるか、そのどっちかだ。

3. ロンドンの中の日本／Japan in London

"どうして「日本」が出てくるの？"

　過去数十年間、日本からの旅行者、企業の駐在員その他、ロンドンに長期間滞在する人たちはこの街を活気づけてきた。おかげでロンドンには、カラオケ、太鼓、スシ、ソバなど、実にさまざまな日本ブームが広がっている。こうした状況は、日本の食べ物や、本、映画、仕事、サヨナラセールなどを求める日本人には大いにありがたいことだ。

　イーリング Ealing、ウィンブルドン Wimbledon、フィンチリー Finchley、ゴルダース・グリーン Golders Green といった地域には、在留日本人が集まった地区がいくつかある。もっともそういうところは日本人のほかにユダヤ人 (Jewish) も多いので、地元の人からはジェイ・ジェイ・タウン J-J town と呼ばれている。

　日本語でアクセスできるあれこれをいくつか挙げるので、最新の詳しい情報は、日本人地区向けの刊行物などに当たってみてほしい。

●メディア
◎『週刊ジャーニー』テレビガイド、日本からの最新情報、
　項目別広告など。
◎『英国ニュース・ダイジェスト』簡潔なイギリス国内の
　ニュース。項目別広告など。
◎『ロンドン族』ファッション情報はもちろん、サッカー、

アート、クラブ、ギグなどから映画情報まで、元気あふれるバイリンガルな生活情報誌。
◎日本大使館 101-104 Piccadilly, W1. Green Park tube
　よく日本映画を上映するが、日本人が観られるのは、外国人と一緒のときだけ。

●書籍、情報案内、劇場チケット
◎ザ・ジャパン・センター The Japan Centre
　(020-7439-8035)
　212 Piccadilly, W1. Piccadilly Circus tube

●就職斡旋機関
◎JAC リクルートメント JAC Recruitment
　(020-77623-9900)
◎センター・ピープル Centre People (020-7929-5551)
　1-6 Lonbard Street, EC3.
◎アッシュフォード・アソシエイツ Ashford Associates
　(020-7626-4590) 36 Cornhill, London EC3.

●日本食品の店
◎オリエンタル・シティ Oriental City (020-8200-0009)
　399 Edgware Road, NW9. Colindale tube
◎ありがとう ARIGATOU (020-7287-1722)
　48-50 Brewer Street, Piccadilly, W1.
◎TK トレーディング TK Trading (020-8453-1743)
　Unit 7, The Chase Centre, 8 Chase Road, NW10.

◎イースト・ウエスト・フーズ East-West Foods
(020-8992-7277) Shop 3, The Oaks Shopping Centre,
High Street, Acton, London, W3.

●病院、歯医者
◎ジャパングリーンメディカルセンター本院 (020-7253-2323)
◎ロンドン医療センター (020-8202-7272)
  234 Hendon Way, NW4. Hendon Central tube
◎アーサー&順子・クーパー（歯科）(020-8349-9162)
  2 Haslemere Gardens, Finchley, N3.

●不動産屋
◎JAC ストラットンズ JAC Strattons (020-8566-1123)
  67 The Mall, Ealing, W5. Ealing Broadway tube
◎ロンドン－東京・不動産サービス London-Tokyo
  Property Services (020-8343-2306)
  351B Regents Park Road, Finchley, N3.

●カラオケ
◎権兵衛 (020-7278-0619) 151 King's Cross Road, WC1.
◎南大門 (020-7836-7484) 56 St. Giles High Street, WC2.

●レストラン
◎南大門 (020-7836-7484)
  56 St. Giles High Street, WC2.（焼肉食べ放題）
◎Zipangu (020-7437-5042)

8 Little Newport Street, London, WC2.（ラーメンほか）
◎Taro (020-7734-5826)
61 Brewer Street, London, W1R, 3PF.（ラーメン）
◎Donzoko (020-7734-1974)
15 Kingley Street, W1.（居酒屋）
◎Matsuri (020-7839-1101)
15 Bury Street, SW1.（日本食）

🖥ロンドン情報

http://www.meto.govt.uk/　天気
http://www.london.org.uk　住所
http://www.netlondon.com/directory.html　住所
http://www.ukpo.com/　郵便局
http://www.searchuk.com/　総合
http://www.thesite.org.uk/　総合
http://www.ukdirectory.co.uk/　住所
http://www.ukindex.co.uk/　総合
http://www.uknow.or.jp　総合
http://www.ukonline.co.uk/　総合
http://www.streetmap.co.uk　地図
http://www.warwick.ac.uk/cgi-bin-Phones/nng　電話帳
http://www.lonelyplanet.com　旅行者向け情報

4. イベント・カレンダー／Calendar of events

　どこで何をやっているか、月ごとのガイドだ。さらに詳しい情報は、前もって電話するか、『タイム・アウト』で。http://london.eventguide.com ものぞいてみよう。
最新情報はhttp://honmanoLondon.comでどうぞ。

1月/January
●元旦のパレード・フェスティバル New Year's Day London Parade Festival／ロンドンで最大のイベントのひとつ。世界各国から1万人近い参加者が集まり、沿道の観客は100万人くらいにもなる。
●ジャニアリー・セール January Sales／あちこちのデパートでセールが始まる。
●ロンドン国際ボートショウ London International Boat Show／アールズ・コート・エキシビション・センター Earl's Court Exhibition Centre で行われるヨーロッパ最大のボートショウ。(1月上旬)
●チャールズ1世記念祭 Charles J. Commemoration／国王チャールズ1世の処刑を忘れないために毎年この月の最終日曜日に行われ、17世紀当時の衣装をつけた騎士たちがセントラル・ロンドンを行進する。

2月/February
●中国の新年の祝い Chinese New Year／2月13日頃、ソーホー Soho で行われる獅子舞 Lion Dancers が有名。

3月/March
- グレート・パンケーキ・デイ・レース Great Pancake Day Race (020-7375-0441)／地下鉄リバプール・ストリート Liverpool Street 近くの、スピタルフィールズ・マーケット Spitalfields Market と、コヴェント・ガーデン Covent Garden で行われる。
- 理想の家の展示会 Ideal Home Exhibition ／(020-7373-8141) アールズ・コート・エキシビション・センターで行われる。
- イースター・パレード Easter Parade／バタシー・パーク Battersea Park 周辺で行われる。

4月/April
- アレクサンドリア・ファン・フェア Alexandria Fun Fair (0208-365-2121) Muswell Hill N22. Wood Green tube
- オックスフォード対ケンブリッジのボートレース Oxford-Cambridge boat race
- ロンドン・マラソン London Marathon

5月/May
- パペット・フェスティバル Puppet Festival (020-7375-0441)／ Covent Garden WS2. のセント・ポールズ・チャーチ・ガーデン St. Paul's Church Garden で行われる。
- ロンドン・ドールハウス・フェスティバル The London Dollhouse Festival

●ＦＡカップ決勝戦 The FA Cup Final／イギリス国内でもっとも権威のあるフットボールの決勝戦。
●野外シェークスピア劇 Outdoor Shakespeare Performances (020-7486-2431)／毛布持参で野外のシェークスピア劇を楽しもう。

6月/June
●エプソム・ダービー・ステークス Epsom Derby Stakes／イギリスの競馬でもっともよく知られたレース。
●軍旗分列行進式 Trooping the Colour／女王誕生日に、ホワイトホール Whitehall で近衛騎兵が軍旗を掲げて行進し、女王の閲兵を受ける儀式。
●スピタルフィールズ・フェスティバル Spitalfield's Festival／イースト・エンド East End のお祭り。
●ケンウッド・レイクサイド・コンサート Kenwood Lakeside Concert／すでに50年も続いているコンサートで、たいてい9月上旬まで行われ、花火やレーザーショウもある。ハムステッド・ヒース Hampstead Heath の北側。
●ロイヤル・アスコット競馬 Royal Ascot horse races (01344-622211)／（63ページ参照）
●グラストンベリー・フェスティバル Glastonbury Festival In Somerset／（36ページ参照）
●ストーンヘンジの夏至祭り Summer solstice at Stonehenge／（289ページ参照）

7月/July

●ウィンブルドンテニス大会決勝戦
Final of Wimbledon-Lawn Tennis Championship (020-8946-2244)／1877年にロンドン南西部のウィンブルドンで始まったこのテニストーナメントは、最初から大観客を惹き付けてきた。

●シティ・オブ・ロンドン・フェスティバル
Final week of city of London Festival (020-8377-0540)／市内各所で行われるアート・フェスティバル。

●グリニッジ＆ドクランズ国際フェスティバル Greenwich and Doklands International Festival／テムズ河沿いの各所で、ダンス、演劇、音楽が繰り広げられる。

●ザ・プロムズ・クラシカル・ミュージック・シーズン
The Proms classical music season／すばらしい音楽と愛国的なイギリス人のバカ騒ぎ。1895年から始まったヘンリー・ウッド・プロムナード・コンサート Henry Wood Promenade Concerts は世界中の音楽愛好家を惹き付けている。

8月/August

●夏のゲイ・フェスティバル Summer Rites gay-festival／最近、ブリクストン Brixton で盛んになっているゲイのおまつり。遊園地、露店商、ディスコ、ライブ・ミュージックなど。

●ノッティング・ヒル・カーニバル Notting Hill Carnival／カリービアン・ストリート・フェア African-Caribbean

Street Fair。レゲエ、ソウルなどのライブ・ミュージックとカリブ料理に、50万を超える人たちが集まる。ヨーロッパで最大級のフェスティバルのひとつ。

9月/September
●テムズ・フェスティバル Thames Festival／ウオータールー橋 Waterloo Bridge 近くで行われるテムズ河の祝典。

10月/October
●パーリー・キングズ＆クイーンズ収穫祭 Pearly Kings and Queens harvest festival／セント・マーチン・イン・ザ・フィールズ教会 St. Martin-in-the-Fields の式典に、真珠貝のスパンコールがついた伝統的な衣装で着飾ったコックニー Cockneyたちが集まる。
●ワインと料理の国際フェスティバル International Festival of Fine Wine and Food (020-7453-5342) Olympia, Hammersmith Road, W14.／ハマースミス・ロードのオリンピア Olympia で行われるグルメのための試食販売まつり。
●トラファルガー広場祭 Trafalgar Square Festival／10月上旬に行われる、詩、室内音楽、ビジュアル・アートのためのフェスティバル。
●ハロウィーン Halloween／毎年10月31日に行われる"諸聖人の日"の前夜祭。

11月/November
●花火の夜 Fireworks Night ／議会を爆破して、ジェームズ1世と議員たちの殺害を企てた"火薬陰謀事件 Gunpowder Plot（1605年）"を記念する花火大会。市内のあちこちにかがり火がたかれ、イギリスでもっとも有名な反逆事件の首謀者 ガイ・フォークス Guy Fawkes の人形が焼かれる。見物によい場所はプリムローズ・ヒル Primrose Hill、バタシー・パーク Battersea Park、クラパム・コモン Clapham Common など。
●ロンドン映画祭 London Film Festival ／12月上旬まで、世界中から選ばれた最高の映画がイギリス各地の映画館で上映される。

12月/December
　第二次世界大戦でスカンジナビア諸国がナチスから解放された感謝の印として、毎年ロンドンにはノルウェーからクリスマス・ツリーが届けられている。クリスマス・ツリーはトラファルガー広場に立てられ、市内がライト・アップされる。
●クリスマス Christmas Day ／ビーアール合戦で商店はにぎわう。
●大晦日 New Year's Eve ／トラファルガー広場に大観衆が集まり、カウント・ダウンを待つ。セント・マーチン・イン・ザ・フィールズ教会の時計が零時を告げると、人々はだれかれなくキスし合う。大混雑するが、とても楽しい。

Afterword
あとがき

　この前の夏のこと、編集部の迫猛氏と出水田美穂さんから、英語と旅をリンクさせた本を提案された。エリアはまかせるということだったので、あれこれと考えていたある日、私の住む団地の夏祭りがあり、家族連れで模擬店などを楽しんでいたところ、隣の棟のJ・ワッツさんと偶然出会った。

　ともに芝生に幼児を放し飼い状態で遊ばせながら、生ビールを何杯も空け、とりとめのないことを話していた。ビールがなくなると、どちらかがテントまで買いに行き、持ちにくい紙コップを抱えて戻ってきた。

　そうして何度目かに私がビールを買ってくると、ワッツさんは「オー、マイラウンド！」と叫んだ。その英語で（それまでは日本語で話していたのだ）ふいにイギリスのパブでおごりあう男たちのシーンが頭に浮かび、そうか、ジョンに書いてもらえばいいのだと理解した。

　彼はロンドンに実家があり、イギリスの新聞の特派員として記事を送っているジャーナリストなのだ。こうして、本書は急展開で実現の運びとなった。これまで旅行者としての視点と体験から種々の優れたイギリスのガイドブックが出ているが、なにしろジョンはジモティーである。その利点が十分に生かされた構成案があっという間に生まれ、原稿が次々とあがってきた。それを石塚康一氏が逐次翻訳していった。彼は何よりも丸善の洋書売り場が好きで、話

題の海外ベストセラーの話をするときも、それは原書を読んでの感想なのだ。

　おりしも「ノッティングヒルの恋人」が封切りとなり、一方でそれを観たりしながら、編集期間中、われわれは「ロンドン行かず旅行」を楽しんだ。わずか半年ほどしか時は流れていないが、ワッツ家には2番目の女の赤ちゃんが生まれた。クリスマス休暇でロンドンに帰ったジョンからは、メイルで原稿が届いた。そんなこんなで本書は無事生まれたのだ。

　デザインは広瀬克也氏がうけもち、イラストも引き受けた。パラパラ漫画はロンドン近郊のブライトンに遊学していた荒木伸子さんが描いた。彼女はイギリスが大好きでテディベアとドールハウスの作家でもある。

　この本は、読むだけでもかなり深くロンドンを理解した気分にさせてくれるが、本当の力を発揮するのはやはり現地に出かけたときだろう。「この本を持ってロンドンに行こうな」が、かかわったわれわれの間の今の合言葉だ。

　　　　　　　　　　　　　　　パキラハウス　佐藤雄一

この本を読み終えたあなたには、ぜひ私たちのウェブサイト

HonmanoLondon.com

も覗いてみてほしい。次のような情報を提供します。

ニュース…スポーツ…サウンド…ファッション…

私たちは、この本のために調査に時間をかけ徹夜でチェックまたチェックしたが、本である以上、ロンドンの速い変化についていけない。そこで私たちはこの本の発行に合わせて、かなり幅広い最新の情報をウェブサイトで提供することにした。ここが従来のガイドブックと違うところだ。

ロンドン行きを計画しているあなたのためには、格安の航空券情報、イベント情報、住まいや英語学校の情報も提供している。もしあなたがすでにロンドンにいるのなら、このサイトの掲示板への書き込みや、耳寄り情報の提供、広告を掲載することも大歓迎だ。

ソニーや三井のような後ろ盾はないのでコツコツと始めることにするが、私たちはほかのどこことも違う情報を提供していきたい。ウェブサイトの全部ができあがるまでには時間がかかるかもしれないが、ロンドンの最高のウェブサイトを作りたいと考えている。

サイトを覗けば、ロンドンのダウンタウンで何が起こっているか、愉快な裏話なども知ることができる。最新のファッション情報、新しくできたクラブや人気のパブのガイド、街中のホットな話題やニュース、天気予報、円£の為替レート、フットボールの最新情報なども出すつもりだ。そして日本では手に入らないさまざまな商品の紹介も。またたくさんのリンク、たとえばOASISのファンクラブ、シャーロック・ホームズのファン組織、ファッションの店などがある。

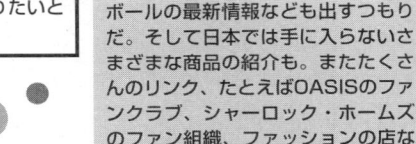

jon@honmanoLondon.com

本書は、本文庫のために書き下ろされたものです。

ほんまのロンドン

・・・・・・・・・・・・・・・・・・・・・・・・・・・・・・・・

著者　　パキラハウス＆ジョナサン・ワッツ
発行者　押鐘冨士雄
発行所　株式会社三笠書房
　　　　〒112-0004 東京都文京区後楽2-23-7
　　　　電話　03-3814-1161（営業部）03-3814-1181（編集部）
　　　　振替　00130-8-22096　http://www.mikasashobo.co.jp
印刷　　誠宏印刷
製本　　宮田製本

©Pachira House & Jonathan Watts　Printed in Japan
ISBN4-8379-6032-4 C0126
本書を無断で複写複製することは、
著作権法上での例外を除き、禁じられています。
落丁・乱丁本は当社営業部宛にお送りください。お取替えいたします。
定価・発行日はカバーに表示してあります。

王様文庫

ほんまのロンドン　　パキラハウス＆ジョナサン・ワッツ

ポケットに一冊あるだけで、ロンドンが100倍楽しめる！目的に合わせてすぐ動ける便利な地図、電話番号、住所、アクセス方法、現地に行って役立つキーワード、使える英語表現付き！

大学病院の「本当の話」　　米山公啓

もう、人ごとではない！ 臨床軽視、派閥争い……患者には隠されている大学病院の「実態」とは？ 研究と保身に追われる医者と、やる気をなくしていく看護婦——"しわよせ"は全部患者に来る！

思わず自慢したくなる写真が撮れる本　　浜村多恵　泉 幸彦　編著

ロマンチックな夕暮れ、夜景、子供やペットのいい表情の撮り方、料理、花、クルマ、花火、室内撮影、おもしろ表現の仕方、写真うつりをよくする法……これだけで写真がグッとうまくなる！

杉田かおるのあなたと行きたい京都　　杉田かおる

一見さん、お断り!? のとっておきのレストラン、バーから、お寺、町屋、お茶屋まで。ガイドブックには載っていない素顔の京都を紹介する本。杉田かおるが生の情報にこだわって紹介する京都。

アジア「極楽旅」のススメ　　長崎快宏

一人旅でも、週末旅でもOK！ 安くて、ウマくて、気持ちいいこといっぱいの「癒し旅」。アジアの優しさにグッときて、またしてもアジアにはまってしまったケチケチ旅行王の「抱腹絶倒レポート」。